도서 **밀알서원** (Wheat Berry Books)은 CLC가 공동으로 운영하는
출판 복음주의 출판사로서 신앙생활과 기독교문화를 위한
설교, 시, 수필, 간증, 선교·경건서적 등을 출판하고 있습니다

추천사

정 진 섭 목사
안동중부교회 담임

저자 김현묵 선생은 본인이 섬기고 있는 교회의 신실한 안수집사이다. 또한, 한국문인협회 안동지부의 시인이자 수필가로서 성실하게 살아가는 분이다.

사실 자전적 수필을 쓴다는 것이 쉬운 작업은 아니다. 자신의 치부를 드러내야 하는 용기가 있어야 할 뿐만 아니라, 자신의 과거와 현재를 냉정하고 객관적으로 돌이켜 보는 안목도 있어야 한다. 그런데 김현묵 선생은 그 어렵고 힘든 일을 해냈다. 그분의 신앙을 지도하는 담임 목사로서, 또 한편으로는 똑같이 인생을 걸어가는 동료로서 격려와 응원을 보내는 바이다. 가난하고 열등한 환경 속에서 남모르는 눈물과 아픔을 감수하며 치열하고 맹렬하게 살아왔다.

자전적 수필은 사회적으로나 경제적으로 남다른 업적을 남긴 사람들이 쓰는 자기 과시, 또는 자기 자랑의 부산물로 여겨지는 면이 있는 것도 사실이다. 그러나 저자는 평범 이하의 열악한 환경 속에서도 자기 자신을 잃지 않고 절대적 인생의 가치와 참된 의미를 세워 나가기 위해 노력했다. 김현묵 선생의 삶은 독자들에게 묵직한 감동과 도전을 던져 준다.

돈 없고, 힘없고, 든든히 받쳐 주는 배경도 없는 외로운 환경이기에 더 열심히 더 성실하게 살아온 듯하다. 쓰러지면 다시 일어나는 오뚝이 같이 역경이 그를 넘어뜨려도 다시 일어났다. 용감하게 그리고 끈기 있게 인내하며 불우했던 환경을 극복하며 살아왔다. 치열하게 살아온 그 모습이 오늘의 우리 시대를 살아가는 청소년들에게도 큰 지표와 희망이 되리라 생각한다.

김현묵 선생은 자신이 걸어온 삶의 과정을 한 편의 감성적인 시처럼 담담하게 풀어내고 있다. 그러면서 자신의 현재와 미래를 새롭게 재창조하고 있다. 자신의 과거를 사실대로 살펴본다는 것이 쉬운 일은 아니다. 자신의 인생 길목에 숨겨져 있는 아픈 상처를 다시 만나는 고통이 있을 수 있기 때문이다.

그런데도 과거에 지독했던 가난과 불우했던 가정 환경, 이루지 못했던 배움의 꿈들을 차분하게 정리해서 말해 주고 있다. 또한, 열등감의 원인과 극도의 내성적인 자기만의 세계로 도망쳐 갈 수밖에 없었던 이유를 진솔하게 이야기해 주고 있다.

그 속에서 먹고살기 위해 열심히 살아야 했고, 자신의 정체성을 잃지 않기 위해서 싸워야 했다. 또한, 자신의 성장과 발전, 성취를 위해서 땀과 눈물을 흘렸던 과정들이 잘 정리되어 있다.

김현묵 선생이 살았던 세대와 그 이전의 세대도 똑같이 어렵고 힘들었던 것이 사실이다. 오늘날 신세대들이 볼 때는 이해가 안 되고 심지어 고리타분한 기성세대의 이야기라고 말할 수도 있겠다. 그러나 그때나 지금이나 청춘의 시대는 다 힘들고 아프다.

지금도 우리 청년들이 하나같이 근심하고 걱정하고 불안해하며 불면의 밤을 지새우고 있지 아니한가!

오늘날 힘든 시대를 살아가는 우리 청년들에게 감히 일독을 권하며 추천하는 바이다. 선배세대가 겪었던 고민과 갈등, 그 삶의 이야기를 통해 위로와 격려가 전해지기를 바란다. 저자와 독자 모두에게 축복의 문이 열리기를 간절히 소망한다.

네 인생을 리모델링 하라

Remodel your life
Written by Hyun mook Kim
All rights reserved.
Korean Edition Copyright ⓒ 2024 by Wheat Berry Books, Seoul, Korea.

네 인생을 리모델링 하라

2024년 07월 10일 초판 발행

지 은 이 | 김현묵

편   집 | 진애란
디 자 인 | 이보래
펴 낸 곳 | 도서출판 밀알서원
등   록 | 제21-44호(1988. 8. 12.)
주   소 | 서울특별시 동대문구 천호대로71길 39
전   화 | 02-586-8761~3(본사) 031-942-8761(영업부)
팩   스 | 02-523-0131(본사) 031-942-8763(영업부)
이 메 일 | clckor@gmail.com
홈페이지 | www.clcbook.com
송금계좌 | 기업은행 073-085404-01-017 예금주: 밀알서원
일련번호 | 2024-75

ISBN 978-89-7135-158-1(03230)

이 책의 출판권은 도서출판 밀알서원이 소유합니다.
신저작권법에 의하여 한국 내에서 보호받는 저작물이므로 무단 전재와 무단 복제를 금합니다.

네 인생을 리모델링 하라

김 현 묵 지음

도서
출판 **밀알서원**

목차

추천사　정 진 섭 목사 | 안동중부교회 담임　　　　　　　1

프롤로그　　　　　　　　　　　　　　　　　　　　11

가난과 외로움을 알아버린 아이

제 1 장

1. 외로움을 알다　　　　　　　　　　　　　　　15
2. 소풍과 수학여행　　　　　　　　　　　　　　19
3. 가난을 알다　　　　　　　　　　　　　　　　22
4. 책 읽기를 좋아하다　　　　　　　　　　　　　27
5. 코스모스의 꿈　　　　　　　　　　　　　　　30
6. 어머니의 가정 교육　　　　　　　　　　　　　34
7. 유년기의 추억　　　　　　　　　　　　　　　38
8. 왕따를 당하다　　　　　　　　　　　　　　　42
9. 중학교에 못 가다　　　　　　　　　　　　　　50

길고 지루했던 사춘기

제 2 장

1. 서울로 가는 기차　　　　　　　　　　　　　　59
2. 공장에서 일하다　　　　　　　　　　　　　　64
3. 사춘기가 시작되다　　　　　　　　　　　　　67
4. 고마운 친구들　　　　　　　　　　　　　　　73
5. 첫 맞선을 보다　　　　　　　　　　　　　　　77
6. 삶과 죽음의 경계　　　　　　　　　　　　　　80
7. 무너진 삶의 의미　　　　　　　　　　　　　　84

네 인생을 리모델링 하라

제 3 장
1. 잠재 능력을 개발하다	91
2. 방위 소집 해제	97
3. 삶의 의미를 다시 찾다	101
4. 공부를 시작하다	106
5. 내 생애 최고의 순간	110
6. 토마토 한 개	113
7. 주경야독	117

가시밭길은 계속되고

제 4 장
1. 죽음, 그 잔인한 단어	123
2. 선하게 살지 마세요	128
3. 첫 해외여행을 가다	131
4. 주식으로 돈을 날리고	138
5. 공공 근로를 하다	143
6. 좌천, 또 좌천	146
7. 당신의 얼굴	154
8. 어머니의 소천	159

국화꽃은 가을에 핀다

제 5 장		
	1. 문예 창작반에 다니다	167
	2. 결혼하다	171
	3. 케렌시아	176
	4. 작가가 되다	180
	5. 영어에 미치다	188
	6. 대학원에 진학하다	197
	7. 자기야, 사랑한다	204
	8. 다낭 여행을 가다	209
	9. 사랑하는 조카딸에게	217

에필로그　　　　　　　　　　　　　　　　　　　　222

▶ 일러두기
나이는 2023년 시행된 '만 나이 통일법'을 따라 표기했습니다.

프롤로그

"저 친구는 그래도 성공한 인생입니다."

한국화의 대가이신 외가 집안의 형님께서 아내에게 나를 가리키며 하신 말씀이다. 열심히 살았다는 생각은 했지만 '성공한 인생'이라고는 생각하지 못했다. 형님께서 나를 그렇게 평가하신다면 사람들에게 내 이야기를 들려주어도 부끄럽지 않겠다는 생각이 들었다.

첫째, 내 흠과 상처를 세상에 온전하게 드러내는 이야기를 써 보고 싶다는 생각을 한 이유다.

둘째, 하나님의 은혜에 감사드리고 싶다.

나의 나 됨은 하나님의 은혜일 수밖에 없다. 본문에도 나오지만 내 인생의 B.C.에서 A.D.로 넘어오는 분기점이 되었다. 수많은 고난을 견디게 했고, 그 속에서도 희망을 주셨고 여기까지 올 수 있게 하셨다. 때로는 눈에 보이게, 때로는 침묵으로, 나를 이끌어 주시고 밀어주시며 여기까지 인도해 주셨다.

셋째, 내 삶의 이야기를 자식처럼 남기고 싶다.

순탄하지 않았던 인생 때문에 결혼이 늦어졌고, 그 늦은 결혼으로 나는 세상에 자식을 남기지 못하게 되었다. 사랑을 나누고 위로를 주고받을 자식이 없으니 내 이야기를 자식처럼 남기고 싶다. 사랑하는 질녀들에게 큰아빠의 이야기를 들려주듯이 살아온 이야기를 써 본다.

넷째, 내 인생을 결산해 보고 싶다.

인생 백 세를 생각하면 이른 감도 없지 않아 있다. 퇴직하고 실업자의 길을 가면 특별히 할 수 있는 이야기가 없을 것 같다. 그래서 지금 부족해도 살아온 세월을 지면에 남겨 본다.

쉽게 다가갈 수 없는 유명한 사람의 이야기는 아니다. 우리 주변에서 흔히 볼 수 있는 소시민의 이야기다.

그러나 평범한 삶은 아니었기에 더 애절한 모습을 발견할 수 있으리라!

눈물 젖은 빵을 먹으며 걸어왔던 길에서 잔잔한 의미를 발견할 수 있기를 기대한다.

십 대 때는 빨리 이십 대가 되고 싶었다. 이십 대가 되면 성인이라는 이름으로 무엇이든지 해 보고 싶었다. 그러나 이십 대는 무엇이나 하고 해 버리는 시간이 아니었다. 세상에 낙오되지 않기 위해 더 고뇌하고 더 열심히 땀 흘리며 살아야 하는 시간이었다. 같은 또래의 친구들이 청년, 대학생이라는 이름으로 현실 속의 낭만을 찾고 추구하며 살아갈 때 나는 기름때가 묻은 옷을 입고 꿈을 꾸었다.

초등학교 졸업장밖에 없던 내가 이십 대 중반에 공부를 다시 시작했다. 왕따와 열등감으로 자존감이 바닥이던 한 인생이 '이것은 아니다'라는 생각으로 현실을 박차고 일어섰다. 그렇게 열심히 살았다. 학교를 못 다녔기에 살아온 날들이 오히려 흥미로울 듯하여 용기를 냈다.

운명은 끝없이 나를 힘들고 어려운 길로 인도했다. 내 짧지 않은 인생은 그 운명에 맞서서 싸워 온 기록이자 승전보가 아닐까 생각한다. 바람이 있다면 내 상처와 아픔이 백신이 되고 치료제가 되어 아직도 방황하는 이들의 아픈 영혼을 위로하고 치료하는 어머니의 따뜻한 약손이 되기를 소망한다.

바람이 불어 심하게 흔들려도 똑바로 서기 위해 애썼고, 비가 내리는 날에도 쉬지 않고 한 걸음 한 걸음 내일을 향해 걸었다. 고비 하나를 지나고 또 한고비를 넘으며 잠시 돌아볼 때마다 주저앉지 않고 걸어온 자신에게 고맙다는 위로를 전한다.

어쩌면 무수히 불었던 풍랑 덕분에 내가 안전한 모습으로 여기에 정착해 있는지 모르겠다. 내 인생에 불었던 무수한 비바람에 감사를 건네본다. 덕분에 내 인생이 더 빨리 더 멀리 더 높이 오게 되었음을 … .

평안의 뜨락에서

01

가난과 외로움을
알아버린 아이

1. 외로움을 알다

친구를 찾고 싶은 생각에 무작정 밖으로 달려 나갔다. 이사를 온 낯선 집에서 부모님은 바쁘게 이삿짐을 내리고 정리하기에 바빴다. 나는 좁은 골목길을 달려 내려갔다. 아무도 없었다. 친구도 아는 이웃도 없었다. 갑자기 서늘한 기운이 어린 내 가슴을 밀고 들어왔다.

동네에서 같이 놀던 친구 김응수와 이돈우를 더 이상 볼 수 없다는 것을 느끼기 시작했다. 그렇게 여섯 살에 외로움이라는 형언할 수 없는 감정을 알게 되었다. 그날 이후로 외로움은 내 취미가 되었고 떼려야 뗄 수 없는 오랜 친구가 되었다.

내가 태어난 곳은 경상북도 안동시 임하면 추목리 평지마을이다. 딸을 하나 두고 있던 아버지와 딸 둘을 두고 있는 어머니가 만나 아들인 나를 낳았다. 남아선호사상이 심하게 남아 있던 그 시절 딸만 있던 아버지와 어머니가 그렇게 기다리던 아들을 얻었다. 내가 태어났을 때 작은 산골 동네가 떠들썩할 정도로 인물이 좋았다고 한다. 어머니가 태몽으로 범을 안았다고 한다. 아버지 연세 오십, 어머니 연세 사십 가까이에 나를 낳았으니 보통 경사가 아니었다.

그렇게 나는 부모님과 동네 사람들의 전폭적인 사랑을 받으며 성장했다. 몇 년 후에는 남동생까지 나서 아들이 귀하던 집에 아들 풍년이 들었다. 하지만 토지라고는 전혀 없어 남의 집에 품을 팔아 겨우 살아갈 정도로 우리 집은 지독하게 가난했다.

내가 여섯 살이던 초겨울 어느 날, 아무것도 없는 부모님은 외가의 토지를 얻어 부치기 위해 남선면 신석리 외갓집 가까이에 이사를 왔다.

외가는 마을에 어느 정도의 토지를 소유하고 있었다. 큰외삼촌은 공무원으로, 작은외삼촌은 철도청에 근무하셨다. 전적으로 농사를 짓는 전업농이 아니었기에 토지를 얻어 부치기에 쉬웠다. 거기에다가 초등학교에 입학할 나이가 되어 가는 나를 위한 이유도 있었다.

지금은 도로가 넓게 잘 정비 되어 있어 다니기에 불편함이 없다. 그 당시에는 비가 조금만 오면 고립되는 산골 동네였다. 어린 내가 멀리 임하면 소재지에 있는 임하초등학교까지 등교하기에는 불편한 곳이었다.

내 어린 기억으로 이사를 하는 그날은 바람이 많이 불어서 더 춥게 느껴졌다. 헌 옷장과 이불, 솥을 비롯한 식기 몇 종류뿐인 가난한 세간살이를 소달구지에 실었다. 동생과 내가 함께 소달구지에 올라앉았다. 춥다고 부모님께서 당신들의 겉옷을 우리에게 덧입혀 주셨다.

조금은 멀다는 느낌이 들쯤에 어느 초가집에 도착했다. 전에 살던 집은 전형적인 초가삼간이었다. 새로 도착한 집에는 아래채가 있었고 그곳에는 디딜방아가 있었다. 디딜방아가 있다는 사실이 너무 좋았다. 부자가 된 것 같은 느낌이 들었다.

나중에 이사를 온 날 친구를 찾았으나 없었던 그날의 서늘함이 외로움이었다는 사실을 알았다. 훗날 사람들에게 나는 여섯 살에 '외로움'을 알았다고 말하면 모두가 비웃었다. 달리 설명할 방법이 없어 그냥 혼자 삭이며 지냈다.

그러던 어느 날 이어령 전 문화부 장관의 『지성에서 영성으로』를 읽었다. 그 책 속에 저자가 여섯 살에 슬픔을 느끼고 서럽게 울었다는 글을 읽게 되었다. 맑은 날 보리밭 사잇길로 혼자서 굴렁쇠를 굴리며 가다가 자신도 모르게 눈물을 흘리며 울었다고 한다. 그분은 그날의 알 수 없는 기분을 "메멘토 모리"(Memento mori, "자신의 죽음을 기억하라")로 표현하셨지만 여섯 살짜리도 희로애락의 감정을 느낄 수 있다는 사실에 반가웠다.

전에 살던 동네에서는 그런대로 활달하게 지냈다. 이사를 오면서 소심해지고 모든 것을 안으로만 삭이는 아이가 되었다. 친구 없이 늘 혼자 지내는 시간이 많았다. 학교에 갈 때는 아랫집의 일 년 선배를 따라다녔다. 그 선배가 학교에 안 가면 나도 학교에 안 간다고 억지를 쓰는 일까지 생겼다. 이것은 작은 일에 불과했다.

학년이 올라가면서 자연스럽게 같은 학년의 동네 친구들과 어울리게 되었다. 그런데 문제는 동생이 나를 따라오려고 하는 것이었다. 다 성장한 다음에는 별 차이를 못 느끼지만 어릴 때는 육체와 정신이 서로 차이가 심하게 났다. 그래서 친구들과 어울릴 때 동생이 끼어들면 할 수 있는 놀이에 제한이 생긴다. 친구들은 동생이 따라오는 것을 싫어하고 외로움을 많이 타던 나는 친구들과 어울리고 싶어 했다.

부모님들은 모두 밭에 일하러 갔다. 그러니 사실 어린 동생도 집에서 혼자 노는 것이 쉽지는 않았다. 나는 친구들과 어울리는 것이 중요해 동생의 처지를 생각할 여유가 없었다.

내가 친구를 만나러 나가면 동생은 죽어라 하고 따라왔다. 좋게 이야기하고 타일러도 막무가내로 따라왔다. 어쩔 수 없이 데리고 다니는 날이 많았다. 마침내 친구들은 동생을 계속 데리고 오면 더 이상 나와 어울릴 수 없다고 했다.

어느 봄날이었다. 밭에는 보리가 푸르게 자라고 있었다. 그날도 친구들과 어울려 놀기로 했다. 동생에게 집에 혼자 있으라고 말했다. 그러나 동생은 나를 따라온다고 했다. 따라오면 때린다고 말해도 소용이 없었다. 집을 나서는 나를 기어코 따라오기에 머리를 쥐어박았다. 동생은 울면서 따라왔다.

나는 친구들과 어울려야 하고 동생은 나를 따라오려는 상황에서 화가 잔뜩 났다. 순간 완전히 이성을 잃었다. 울면서 따라오는 동생을 보리밭 골에 처박고 사정없이 때렸다. 동생도 울고 나도 울었다

그 후로도 몇 번이나 같은 일이 반복되었다. 그 광경을 목격한 이웃 아주머니가 어머니에게 알리는 바람에 나는 어머니에게서 심하게 야단을 맞았고 더 이상 동생을 때리지 않았다. 이제야 동생에게 미안했다는 말을 남긴다. 어머니는 참 좋은 분이면서 나에게는 공포의 대상이다. 어머니가 조금만 큰소리로 말을 하면 깜짝깜짝 놀라는 일이 많았다. 보다 못한 아랫집의 형님이 아이에게 그렇게 소리 지르지 말라고 어머니에게 말했다.

그러자 어머니는 어릴 때 기를 죽여야 커서도 고분고분한다고 말했다. 세심하게 아이의 성향을 살피며 훈육을 했더라면 하는 아쉬움이 있다. 반대로 지금의 어머니들은 대부분 아이의 기를 살린다고 방임에 가까운 교육을 한다. 그렇게 자라는 아이들의 행동에 노키즈존(No Kids Zone)이라는 씁쓸한 공간이 생기기도 한다.

내가 어린 나이에 일찍이 객지생활을 하게 된 것도 어쩌면 운명의 인도가 아닐까 하고 가끔 생각한다. 성인이 될 때까지 어머니와 함께 있었다면 내 자아는 서리 맞은 꽃잎처럼 풀이 죽어 있었을 것이다. 그러나 일찍이 객지생활을 하면서 스스로 운명을 개척할 내 자아를 찾아갈 수 있었다.

2. 소풍과 수학여행

초등학교 1학년 때의 봄 소풍을 아직도 기억한다. 좋은 기억이 아니라 아픔으로 기억한다. 그냥 즐겁고 재미있는 소풍이었다면 기억에 없었을 것이다. 아프고 부끄럽고 기억하기 싫은 소풍이라서 더 기억에 남아 있다. 그날의 아픔이, 그날의 기억이 평생을 따라왔다.

그 봄 소풍에 나는 도시락이 없었다. 부모님도 나를 학교에는 입학시켰지만 미처 도시락을 준비하지 못하신 것 같다. 입학한 지 얼마 지나지 않아 봄 소풍이 되었다. 도시락이 없어서 뚜껑이 있는 밥공기에 점심을 담아갔다. 나는 아무 생각이 없었고 누구나 그렇게 점심을 준비해 가는 줄 알았다.

그런데 동네 형이 무심코 한 말에서 무엇인가 잘못되었다는 것을 느끼기 시작했다. 친구들 앞에서 "현묵이는 밥그릇에 점심을 싸서 소풍 갔다"는 말을 했다. 웃는 친구들이 있었고 나를 이상한 눈으로 쳐다보는 친구들도 있었다. 얼굴이 붉어지는 부끄러움을 온몸으로 느껴야 했다.

그날 소풍 가서도 나는 바보짓을 하고 왔다. 두고두고 자신을 자책하는 일이 있었다. 점심을 먹은 후에 보물찾기 시간이었다. 모두 열심히 보물찾기에 바빴다. 나도 열심히 보물을 찾아 이곳저곳을 뒤졌다. 어느 우거진 숲에서 하얀 종이를 발견했다. 조심스럽게 종이를 꺼내어 펼쳤다. 종이에는 빨간 인주가 선명하게 드러나는 커다란 도장이 찍혀 있었다. 갑자기 심장이 쿵쾅거리고 손이 떨렸다. 남의 물건을 훔친 아이처럼 두려웠다. 도저히 들고 올 자신이 없었다. 다시 접어서 그곳에 넣어 두었다.

그렇게 그곳을 벗어났다. 다른 곳으로 가서 보물을 찾는 시늉은 하고 있었지만 찾았던 그 보물을 잊을 수가 없었다. 그 보물 가까이에 왔다. 다시 꺼낼 용기는 없었다. 멀리서 물끄러미 쳐다보기만 했다. 그런데 손자를 따라왔던 할머니가 그 보물을 집어 가는 것이었다. 그 손자는 나와 같은 1학년이었다.

그날의 바보 같은 행동을 통하여 배운 것일까?

이후에 나는 내 것을 꼭 챙기려고 노력했다. 하지만 그날의 아쉬움은 평생 나와 함께하고 있다.

4학년이 되었고, 또 봄 소풍으로 기억한다. 동생이 1학년에 입학 했다. 그 소풍에 어머니께서는 나에게 30원을 주시면서 동생과 같이 쓰라고 하셨다. 용돈 한 번 받아본 적이 없는 나는 먹고 싶은 과자가 있었다. '크라운산도'였다. 먹음직스럽고 고급스러워 보이는 과자였다.

두말없이 가게 문을 열고 들어가 크라운산도를 샀다. 크라운산도의 값이 30원이었다. 어머니께 받은 30원은 그렇게 없어졌다. 사이다를 마시고 싶어도 입맛만 다시는 소풍이 되고 말았다. 그래도 그렇게 먹고 싶던 크라운산도를 사 먹을 수 있어 행복한 소풍이었다. 그 크라운산도는 지금 판매되고 있는 과자류 중에서 두 번째로 오래되었다고 한다.

비록 크라운산도만 사가는 4학년 봄 소풍이었어도 좋은 기억이 남아 있다. 그때 우리 반 담임이셨던 김건년 선생님은 안경을 끼신 분으로 외모도 준수했다. 미술을 좋아하신 것 같다. 소풍 갈 때 화판을 갖고 가서 그림을 그리게 했다. 선어대 가까운 곳으로 소풍을 갔다. 그곳에서 각자 준비해 온 화판을 펴고 그림을 그렸다. 나도 산을 보면서 밑그림을 대충 그리고 있었다. 그때 선생님께서 다가오시더니 그림을 전체적으로 마무리해 주셨다.

 소풍이 끝날 때 선생님은 반장을 통하여 그림을 모두 거두었다. 선생님께서는 내 그림을 액자에 담아서 교실 벽에 걸었다. 나는 기뻤다. 교실을 드나들며 그림을 쳐다봤다. 누군가 그 그림의 주인을 물으면 친구들은 내 이름을 말했다. 4학년은 작은 자긍심을 가지고 다닌 학년이 되었다. 그림 때문에 작은 기쁨을 누리면서도 그림을 그리겠다는 생각은 안 했다. 그림보다는 책을 읽는 것에 더 빠져드는 시기였다.

 소풍은 주로 선어대 부근이나 지금의 국립안동대학교 건너편으로 갔다. 현재 국립안동대학교 건너편에는 제방이 높고 길게 쌓여 있다. 거기에다가 임하댐이 들어서면서 물이 잘 흐르지 않는 죽은 강이 되었다. 그 당시에는 맑은 물이 흐르는 미루나무 숲으로 이루어져 있었다.

 그렇게 시간이 흘러 마지막 6학년이 되었다. 수학여행을 경주로 가기로 했다. 수학여행을 갈 학생은 언제까지 신청하라고 했다. 어머니에게 수학여행을 보내 달라고 말하면 돈이 없다고 바로 거절할 것 같은 생각이 들었다. 이때까지 모든 일을 그렇게 거절했기 때문이다. 그래도 용기를 내어 수학여행을 보내 달라고 말했다. 아니나 다를까 안 된다고 거절하셨다. 그래도 몇 번을 졸랐다. 수학여행을 정말 가고 싶었다. 그때까지 나는 다른 도시에 한 번도 못 가 봤다. 기차도 못 타 봤다.

 끈질기게 매달린 보람이 있었다. 거의 마감 직전에 여행 경비 3천 원을 주셨다. 그러나 가난한 나는 입고 갈 옷이 없었다. 검정 고무신에 몸에 잘 맞지도 않는 작은 옷을 입고 여행을 갔다. 친구들은 일찌감치 여행 준비를 하여 멋있는 옷에 좋은 운동화를 신고 있었다.

생전 처음으로 기차를 타고 경주로 수학여행을 갔다. 경주역에 도착해서 소변이 급해 갔더니 문 앞에 '화장실'이라고 쓰여 있었다.

화장은 여자들 화장하는 것밖에 모르는데 역에서 화장을 하나?

조금은 복잡한 생각을 하면서 안으로 들어갔더니 소변을 보는 곳이었다. 나는 그때까지 화장실이라는 말을 몰랐다.

안동역에도 쓰여 있지 않았나?

그렇다면 나는 왜 못 봤을까?

우리는 어느 여관에 짐을 풀었다. 그 여관에서 있었던 작은 일이 아직도 기억에 남아 있다. 그 여관은 객실이 많은 큰 여관이었던 것 같다. 안쪽에는 다른 곳에서 수학여행을 온 학생들이 있었다. 그 학생들과 우리 사이에 작은 마찰이 있었다. 우리의 기세에 그 친구들이 물러가는 것 같았다. 잠시 후에 그 학생들이 덩치가 큰 한 친구를 대동하고 나타났다. 꼭 씨름 선수 같은 몸집의 친구였다. 그 친구가 앞에 나서서 뭐라고 하자 우리는 모두 슬슬 꽁무니를 빼고 말았다.

3. 가난을 알다

동생도 나도 서울에서 일하고 있을 때였다. 명절이 되어 동생과 함께 열차를 타고 내려오고 있었다. 고향이 안동인 직장 동료도 함께 타고 있었다. 그때 열차 안에서 동생이 초라한 우리 집을 배경으로 찍은 사진을 내보이고 있었다. 순간 나는 잽싸게 그 사진을 낚아채어 숨겼다. 동료는 무엇인지 보자고 했지만 나는 끝내 보여 주지 않았다.

시골이지만 다른 집들은 모두 번듯하게 보였다. 우리 집은 오래되고 다 쓰러져 가는 것 같아 남에게 보여 주는 것이 부끄러웠다. 그냥 대수롭지 않게 생각할 수도 있는 일이다. 하지만 나는 그 당시에 심한 열등감에 빠져서 살았다. 모든 것이 남들보다 열등해 보였고 그 못난 부분을 보이는 것이 지독하게 싫었다.

그날의 일은 그렇게 잊혀졌다. 동생도 내게 왜 사진을 숨겼는지 묻지 않았고, 동료도 그 사진이 무엇이었는지 더 이상 묻지 않고 세월 속으로 묻혔다. 다만 내 기억 속에는 살아 있었다. 이제야 그날 그 순간의 일을 여기서 고백하지만, 동생과 동료의 기억에는 남아 있지 않을 것이다.

언제부터 그런 지독한 열등감이 형성되었는지 정확히 알 수는 없다. 다만 추측하기는 부끄러움이 많은 성격이었다. 거기에다가 남들보다 눈치가 빨라서 어린 시절부터 가난을 아는 인지력이 서서히 형성된 것 같다. 또한, 남들과 달리 해져서 구멍 난 옷을 일상적으로 입고 다녔다. 멀리서 살고 있던 누님들이 가끔 갖다 주는 남이 입던 옷을 얻어서 입고 다녔다.

그 옷들은 잘 맞지도 않고 디자인도 이상한 옷이 많았다. 해진 옷보다는 낫기에 어쩔 수 없이 입고 다녔다. 남들은 운동화를 신고 다녔지만 나는 초등학교를 졸업할 때까지 운동화 한 번 못 신고 졸업했다. 친구들은 대부분 책가방을 갖고 다녔다. 나는 책보자기를 둘러매고 다녔다. 그러다 6학년이 되어서 외사촌 형들이 쓰던 낡은 가방을 들었다.

초등학교 6학년 때 갔던 수학여행 사진을 보면 옷이 너무 작아 몸에 잘 맞지도 않는 모습에 신발은 검정 고무신이었다. 친구들은 모두 세련된 옷에 운동화를 신고 있었다. 그때는 그래도 기분은 좋았다. 돈이 없어 못 갈 줄 알았던 수학여행을 막판에 가게 되었기 때문이다.

열등감이 확실히 깊어진 결정적인 계기는 중학교에 진학하지 못하면서부터다. 나보다 공부 못하는 친구들도 모두 가는 중학교에 나는 돈이 없어 못 갔다. 한창 예민한 나이에 친구들 다 가는 중학교에 못 가게 되면서 비슷한 또래의 여학생들을 피하는 아이가 되어 갔다.

아직도 얼굴이 화끈거리는 또 하나의 기억이 있다. 벌써 예순을 지나가는 나이이지만 어린 시절의 아픔 하나가 아직도 내 가슴 어딘가에서 불쑥불쑥 튀어나와 마음을 서럽게 찌른다.

초등학교에 다니던 시절, 여름방학이 끝나갈 때쯤이었다. 우리는 공부가 없는 여름방학을 마음껏 즐기며 놀았다. 더운 여름날, 이웃 아주머니들도 음지를 찾아 골목에 앉아서 쉬고 있었다. 그렇게 친구들과 어울려 골목에서 정신없이 놀았고, 어느덧 해는 피곤한 몸을 쉬기 위해 서쪽으로 내려가고 있었다.

하루해가 서산을 넘어갈 때쯤에 아버지께서 손에 무엇인가 들고 집으로 돌아오고 계셨다. 이웃의 아주머니들과 음지에서 더위를 피해 쉬고 계시던 어머니가 "그게 뭐이껴" 하고 아버지께 물으셨다.

"돼지고기 한 근 샀다."

아버지께서 대답하셨다. 평화로운 대화는 거기까지였다. 아버지의 말씀이 채 끝나기가 무섭게 어머니는 아버지를 쏘아붙였다.

"돈도 없는데, 고기는 무슨 고기껴?"

어머니는 아버지의 체면을 단칼에 내리쳤다. 잘린 체면이 골목에 서늘하게 퍼졌다.

여름날 '풋굿'은 길일을 택해 마을 주민들이 각종 음식을 차려 놓고 친목과 화합을 다지는 세시 풍속이다. "호미씻이"라고도 부르며 농가에서 논매기의 만물을 끝낸 음력 7월쯤에 날을 받아 하루를 즐겨 논다. 우리가 어릴 때 동네에서는 보통 돼지를 잡아 동네잔치를 했다. 풋굿 잔치를 위해 동네에서 돼지를 잡았고, 잡은 그 돼지고기 한 근을 아버지께서 외상으로 사서 들고 오신 것이다.

어머니와 아버지의 언쟁은 목소리가 올라가는 험악한 상황으로 치달았다. 아버지의 말재주나 성량으로는 어머니를 당할 수 없었다. 말싸움에서 밀리던 아버지는 급기야 돼지고기를 길바닥에 내동댕이쳤다. 돼지고기는 길바닥에 나뒹굴며 흙을 뒤집어썼다. 길바닥에는 돼지고기가 흙에 나뒹굴고, 어머니와 아버지의 싸움은 그칠 줄 모르고 이어졌다. 그 상황을 지켜봐야 하는 어린 내 가슴은 무너져 내리고 있었다.

아무것도 없는 아버지를 만나 살아 보려고 무던히도 애쓰셨던 어머니였다. 없는 살림에 부업으로 닭을 키웠다. 달걀을 팔아 십 원짜리를 모으며 사셨던 어머니이다. 아무리 돈이 없어도 상황을 꼭 그렇게 만들었어야 했는지, 어머니를 향한 미움과 창피함은 어린 가슴에 삭지 않는 멍울로 무겁게 내려앉았다.

아버지와 어머니가 싸울 때 내 얼굴에 튀었던 창피함이 지워지는 데는 많은 시간이 필요했다. 내 얼굴의 흉터 같던 창피함은 세월이 조금씩 떼어 과거로 가져갔다. 그렇게 흉터가 엷어지며 나는 청장년의 고개를 넘어 여기까지 왔다.

돼지고기 한 근 때문에 아버지와 동네가 떠나가도록 싸웠던 어머니는 노년으로 달려왔다. 그렇게 앞만 보고 달려온 어머니는 세월을 이기지 못하고 치매에 걸리셨다. 돌아가시기 몇 년 전부터 치매에 걸려 현실 인식을 잘 못하셨다. 치매에 걸려 현실이 아닌 꿈같은 세상을 사셨다. 그런 중에도 아버지를 처음 만나 살림살이를 시작했던 때 형편을 생생하게 말씀하셨다.

"너 아부지 한테 시집을 오이께네, 꿔다 놓은 보리쌀 한 말이 있드라. 근데, 보리쌀값으로 그 집에 일해 주드라. 내가 그렇게 살았다."

땅 한 평 없는 아버지를 만나 살아가기 위해서는 근검절약할 수밖에 없었을 것이다. 지나친 근검절약이 때로는 사람의 숨통을 옥죄이기도 했다. 그 '풋굿' 날, 아버지께서 사 오신 돼지고기를 두고 싸울 만큼 돈 쓰는 것을 비상처럼 생각하셨다.

도를 넘은 어머니의 돈에 대한 집착은 모두를 힘들게 했다. 툭하면 어머니 아버지가 싸우셨고 그 싸움의 원인은 대부분 돈 때문이었다. 아무리 무던하던 아버지도 돈 때문에 시작된 어머니의 끝없는 잔소리에는 가끔 인내심의 한계를 드러냈다. 같이 밥을 먹던 밥상이 날아가는 날이 많았다. 그래도 분이 풀리지 않으면 아버지는 스텐레스 식기를 들고 방바닥에 내리치셨다. 그렇게 내동댕이쳐진 스텐레스 식기는 찌그러졌다.

우리는 찌그러진 식기에 다시 밥을 퍼서 먹었다. 언제부턴가 우리 집 밥상에 올라오는 식기는 대부분 찌그러졌다. 찌그러진 식기에 밥을 먹어야 하는 나는 그것이 너무 싫었다. 현실을 어찌할 수 없는 답답함과 어머니에 대한 애증이 깊어갔다. 심심하면 싸우는 그런 험한 상황으로 내 마음에는 불안이 쌓여갔다.

그래도 그런 억척을 통해 논을 사고 밭을 사 모으며 살림을 일으켰으니 어머니께서는 당신의 역할을 잘 감당하셨다. 어머니는 어머니의 자리에서 가정 경제를 일으키기 위해 애쓰셨지만, 그날 돼지고기 사건은 어머니를 향한 커다란 미움으로 자라기 시작했다.

4. 책 읽기를 좋아하다

내가 책 읽기를 좋아하게 된 것은 어머니의 글 읽는 모습을 일찍이 보면서 자랐기 때문이다. 책이 귀하던 시절 어디에서 났는지 어머니는 두루마리를 펼치며 글을 읽으셨다. 기름을 먹여 검게 변한 두루마리에는 한글이 초서로 쓰여 있었다. 불경을 외우듯 책을 읽으셨다. 책을 읽는 음성이 참 좋았다.

외할아버지께서 여자는 공부하지 않아도 된다며 어머니를 학교에 보내지 않으셨다. 학교에는 가본 적이 없는 어머니였지만 머리가 뛰어났다. 부면장을 하셨다는 큰외삼촌을 통하여 한글을 깨우치셨다. 그렇게 한글을 깨우쳐 책 읽기를 즐기셨고 편지도 잘 쓰셨다.

어머니의 글 읽는 모습을 통하여 자연스럽게 책과 가까워졌다. 어머니의 책 읽는 모습에 자극을 받은 어린 나는 국어책을 큰소리로 읽었다. 어린 내가 책 읽는 모습을 어머니는 물론이거니와 아버지께서도 좋아하셨다. 아버지와 어머니께서 좋아하시니 나도 글 읽는 것이 즐거웠다. 책 읽기를 즐겼으니 당연히 국어 시간이 재미있었다. 특히, 선생님께서 책 읽기를 시키면 신이 났다. 소심해 부끄러움을 많이 타던 내가 책 읽을 사람 손들어 보라고 하시면 용감하게 손을 번쩍 들었다.

나중에 안동문화원에서 문예 창작을 배울 때 지도 선생님께서 하신 말씀에 100퍼센트 공감한 내용이 있다. 선생님께서는 자녀에게 책 읽으라는 말을 하지 말고 부모가 본을 보이라는 말씀을 종종 하셨다. 자신들은 매일 TV만 보고 있으면서 자식에게 책을 읽으라고 말하면 안 된다고 하셨다. 하다못해 잡지나 신문이라도 들고 있으면 지나다니는 자식에게 무언의 교육이 된다고 하셨다. 나는 일찍이 책을 읽으시는 어머니의 영향을 받았기에 같은 생각을 하고 있다.

초등학교 4학년 때부터 교과서 이외의 책을 많이 읽기 시작했다. 그전에는 다른 책이 있는 줄도 모를 만큼 책을 보기가 힘든 시골이었다. 예쁜 강영신 선생님께서 시골 초등학교에 부임해 오셨다. 그 당시 도서관의 책들은 거의 장식용이나 마찬가지로 책장에서 잠자고 있었다. 그 선생님께서 도서관 관리를 하시면서 학생들에게 책을 적극적으로 빌려주기 시작했다. 도서관에 쉽게 출입하면서 읽고 싶은 책을 마음대로 빌려 읽기 시작했다.

내가 제일 처음 읽은 장편 소설은 초등학교 4학년 때 읽은 『암굴왕』이었다. 그 책의 재미에 푹 빠져서 열심히 읽었던 것으로 기억한다. 어두운 호롱불 밑에서 무엇이 그렇게 재미있었는지 밤늦게까지 읽었다. 지금은 세월이 많이 흘러 이야기의 줄거리는 기억나지 않는다. 혹시 어떤 책일까 궁금해서 인터넷 검색을 해 보니 『몬테크리스토 백작』(The Count of Monte Cristo)이 원제목이었다. 재미있는 것은 안동이 고향인 민주당 대표 이재명 님의 글 속에서도 『암굴왕』이 언급되고 있었다.

그다음으로 기억에 강하게 남는 것은 『파랑새』(The Blue Bird)였다. 솔직히 내용보다는 '치르치르와 미치르'라는 주인공들의 낯선 이름이 오랜 세월 동안 내 기억에 남았다. 주인공들의 원래 이름이 틸틸과 미틸 남매지만 책이 일본에서 들어와 더 이상하게 되었다. 파랑새를 찾아다 녔지만, 찾지 못하고 집에 돌아오니 집에 파랑새가 있었다는 이야기로 기억한다. 행복은 가까이에 있다는 조금은 깊은 철학을 지닌 책이다.

또 하나 기억에 남는 것은 박정희 대통령의 전기였다. 학교에서 돌아와 어머니와 쇠비름 나물밥을 맛있게 비벼 먹었다는 이야기가 있었다. 가난한 내 이야기와 겹치는 느낌이 들어 박정희 대통령을 더 좋아하게 되었다. 박정희 대통령의 전기를 읽은 후에 나의 우상은 박정희 대통령이 되었다. 육영재단에서 발행하는 어린이 잡지 「어깨동무」를 읽었으며 여러 가지 만화책에 빠져들었다.

6학년 때는 한국고전소설을 많이 읽었고 틈틈이 세계명작을 읽었다. 살아오면서 아찔한 생각이 들 때가 많다. 만약, 그때 한국고전소설을 읽지 못했다면 나는 영원히 한국고전소설을 모르는 바보가 되었을 것이다. 어머니는 돈이 들어가는 다른 것은 절대로 안 해 주셨다. 그것이 내 가슴에 어머니를 향한 애증을 더 키우게 했다. 가난한 살림에도 책을 사 달라고 하면 책만큼은 선뜻 사주셨던 어머님의 지혜가 두고두고 고맙다.

한국고전소설은 외판원이 학교에 와서 책을 팔았다. 그 책을 사고 싶다고 어머니께 말씀드렸다. 그러자 바로 돈을 주셨다. 한국고전소설과 실학자 정약용에 관한 이야기를 읽으면서 정신적으로 한 단계 더 성장하는 계기가 되었다.

남들은 거의 가지지도 못하는 두껍고 비싼 전과도 잘 사주셨다. 지금은 과목별로 낱권이지만 예전에는 전 과목을 한 권에 담았으니 그 두께가 만만치 않았다. 그 전과를 통해서 나는 낱말의 뜻을 잘 알고 이해하게 되었다. 그래서 그랬는지 선생님께서 이해력이 높다고 통지표에 써 주시기도 했다.

지금 생각하면 참 감사한 일이다. 전기도 없고 차도 잘 들어오지 않는 외진 시골에 살았던 내가 책을 통하여 상상의 세계로 마음껏 여행했다. 왕따로 가장 힘들고 외로울 때 책을 통하여 위로를 얻고 행복했던 초등학교 고학년 시절이었다.

그 시절에 공부를 잘하는 친구들은 전문적으로 책을 읽고 백일장에도 나갔다. 그런 모임에 들 수도 없었던 내가, 글을 전혀 쓸 줄도 모르면서 초등학교를 졸업할 때는 글을 쓰고 싶다는 막연한 꿈을 꾸었다. 지금 생각해도 이해가 안 되는 이상한 꿈이었다.

어쩌면 절대자가 그때부터 나를 이끌고 있었던 것은 아니었을까?

정규 중학교에 진학을 못하게 되어 글을 쓰고 싶다는 생각은 생각으로 끝나고 말았다. 상급 학교에 진학하지 못한 나는 어린 나이에 객지 생활을 시작했다.

5. 코스모스의 꿈

길거리에서 그 고운 모습 자랑하던 코스모스는 사람들의 이기심에 밀려 사라져 갔다. 하늘거리는 큰 키로는 이 땅에 더 이상 살 수 없어 눈물 흘리며 뒷전으로 밀려난 것이다.

분홍색 옷을 입은 윤초시댁 손녀 같은 코스모스는 모두 어디로 떠나간 것일까?

지나가는 길손이 어느 넓은 들 어디쯤에서 코스모스를 가끔 보았다는 이야기를 전하지만, 도로 가까이에서는 더 이상 곱고 착하던 모습을 찾아보기가 쉽지 않다. 코스모스가 놀던 정다운 거리에는 낯선 이름을 가진 꽃들이 화려한 모습으로 사람들의 눈길을 끌며 서 있다.

누구를 위해, 무엇 때문에 코스모스를 멀리 떠나보내고 새로운 꽃들을 데려왔더냐?

길가에서 우리에게 손을 흔들던 코스모스가 떠난 이후로 우리의 심성에 있던 순수도 떠나갔는지 모른다. 순수가 떠난 마음에 자라난 이기심은 좋지 않은 뉴스를 밤낮으로 만들고 전하는 세상이 되었다. 고운 얼굴에 키가 크던 코스모스는 키가 크다는 이유 하나 때문에 울며 이 거리를 떠나갔다. 이제는 메마른 인간에게 자신의 고향 땅을 내 주었다는 슬픈 전설만 전해지고 있다. 코스모스가 떠난 거리에는 차들의 소음만이 고운 코스모스의 슬프고 서러운 울음처럼 들려오고 있다.

어린 시절 초등학교에 가는 길 양쪽으로 피어 있는 코스모스가 너무 좋았다. 먼지 나는 비포장 시골길 양쪽으로 끝없이 피어 있는 코스모스는 때로는 나의 친구가 되기도 했다. 집으로 돌아오는 길에 심심하면 키가 큰 코스모스 속으로 조용히 몸을 숨겼다.

그렇게 기다리고 있으면 모퉁이를 돌아오는 한 무리의 소녀들이 있다. 소녀들이 자신들의 이야기에 취해 웃고 떠들며 정신없이 걸어 올 때 갑자기 뛰어나가 놀라게 해 주기도 했다. 가끔은 드센 소녀를 만나 혼이 나기도 했다. 소녀들을 골려 주는 것이 재미있던 개구장이었다.

소녀들을 골려 주는 것이 시들해지면 친구들과 가위, 바위, 보를 하며 꽃잎을 따는 놀이도 했다. 운수 좋은 날은 내가 쉽게 이기고 어떤 날은 죽어라고 안 되는 날이 있었다. 빨리 꽃잎을 모두 따버린 친구는 진 친구의 손목을 때리거나 손가락을 튕겨 이마에 알밤을 먹이기도 했다. 내가 많이 지는 날은 아프기도 했지만 그래도 친구들과 어울려 놀이를 즐기는 것이 좋았다. 다른 도구를 이용하는 것보다 예쁜 코스모스를 가지고 노는 것이 마냥 좋았다.

그렇게 하는 것도 무료해지면 친구들은 한 번에 입바람을 훅불어 꽃잎을 누가 더 많이 떨어뜨리는지 내기를 하자고 했다. 꽃잎이 쉽게 떨어질 것 같은데 생각보다 잘 안 떨어져 애를 먹은 적도 있다. 지금 생각하면 꽃이 활짝 피어난 지 며칠 지난 것이 잘 떨어졌을 것 같은데, 이제는 그 시절로 돌아갈 수가 없다.

그렇게 코스모스가 피는 가을이면 등하굣길이 재미있는 길이 되었다. 하기 싫은 공부를 하러 가는 등교 시간보다 집으로 돌아오는 하굣길이 물론 더 좋았다.

내 키보다 더 큰 가냘픈 코스모스가 흐드러지게 핀 어느 가을날이었다. 나는 여느 날과 마찬가지로 수업을 마치고 친구들과 어울려 집으로 돌아오고 있었다. 그렇게 아름답고 정겨운 코스모스 꽃길이지만 먼지나는 작은 시골길이다. 차 한두 대가 지나갈까 말까 한 한적한 비포장 시골길에 시골 아이들의 눈을 놀라게 할 거대한 불도저가 지나갔다. 무한궤도식 불도저라 빨리 달리지 못하는 불도저를 아이들은 신기한 눈빛으로 바라보며 뒤를 졸졸 따라갔다.

불도저의 높은 좌석에 앉아 있는 기사가 사탕을 먹고 있었다. 그것을 본 아이 중에 왕초인 친구가 기사에게 사탕을 좀 달라고 졸랐다. 기사는 아이들의 성화에도 못 들은 척 불도저를 몰고 가던 길을 계속 갔다. 거대한 몸으로 빨리 가지 못하는 불도저를 따라 아이들은 계속 사탕을 달라고 졸랐다.

나를 제외한 아이들이 너도나도 사탕을 달라고 아우성이다. 막무가내로 극성인 아이들의 요구에 기사는 포기한 듯 불도저를 세웠다. 불도저를 세운 기사는 저 뒤편에서 아무 말 없이 가만히 웃고 서 있는 나를 불러 세웠다. 그러더니 큰 사탕 한 봉지를 대뜸 나에게 전해 주었다.

밥 외에 먹을 것이라고는 감자와 고구마밖에 없던 시골 아이의 손에 사탕 한 봉지가 쥐어졌다. 사탕 한 봉지를 받아 든 나는 친구들에게 골고루 나누어 주었다. 사탕을 나누어 주는 나의 작은 가슴에는 기사님에 대한 고마움과 함께 알 수 없는 흥분이 일고 있었다.

나는 그날의 아름다운 추억을 가슴에 고이 간직했다. 많은 시간이 흐르고 어른이 되어도 그날의 가슴 따뜻했던 이야기를 잊을 수 없었다. 어른이 된 나는 추억 속의 그날, 그 기사님처럼 어디선가 소외되어 외롭게 서 있는 작은 이웃들을 눈여겨보는 버릇이 생겼다. 그리고 유독 그들을 향해서만큼은 언제나 가슴을 열고 싶어 하는 어른이 되었다. 앞서가는 사람보다 저 뒤에서 힘겹게 따라오는 사람들의 손을 잡고 함께 내일로 가기를 좋아하는 어른이 되었다. 벌써 중년의 고갯길을 넘어가고 있음에도 부끄러운 듯 얼굴 붉히며 손 흔드는 코스모스를 아직도 예뻐하고 있다.

6. 어머니의 가정 교육

　어머니는 한없이 좋으면서 엄했다. 말씀은 항상 "너희들을 금이야 옥이야 키웠다"고 하셨다. 하지만 당신의 기분이 안 좋을 때는 완전히 두 얼굴을 가진 사람이 되었다. 훈육이 아니라, 어린 내게는 위협을 느낄 정도로 예의 바르고 착한 아이로 만들어 갔다. 여리고 겁이 많던 내게 조금은 지나친 면이 있어, "만들었다"고 표현했다. 이웃 가정을 보면 자녀들이 자라는 대로 지켜볼 뿐 특별히 간섭하는 것을 못 본 것 같다.

　작은 예로 쉬는 날에도 절대로 늦잠을 허락하지 않았다. 다른 집에는 아이들이 늦잠을 자도 깨우지 않았고 편하게 자고 일어났다. 물론, 그때는 불편했어도 지금은 감사하고 있다. 그렇게 훈련되어 아무 일이 없는 날에도 늦잠을 자는 것이 어딘지 불편하다.

　어머니는 상당히 부정적인 성향을 갖고 계셨다. "하지 마라", "가지 마라", "안 된다", "못한다", "없다"라는 말을 입에 달고 사셨다. 무엇을 하고 싶어 하면 "하지 마라", "안 된다"라는 말씀을 먼저 하셨고, 돈을 달라고 하면 없다는 말부터 하셨다.

　물론, 밥 먹고 살기도 버거운 살림살이에 돈이 없는 것은 사실이었지만 좀 지나치다고 생각했다. 학교에 드는 돈은 칼같이 주셨다는 것이 이를 반증한다. 그 당시에 육성회비를 못 내서 선생님에게서 혼나는 친구들이 많았지만 나는 육성회비를 어겨본 적이 없다. 이런 어머니의 영향을 받아서 나 또한 부정적인 사고와 행동이 체화되어 갔다.

　어머니는 예의범절에 대한 말씀도 많이 하셨지만, 나는 부끄러워 어른들에게 인사도 잘 못하는 아이였다. 자주 들었던 예의범절과 어머니의 강압적인 교육은 나를 주눅 들게 했고 어른이 어렵고 두려운 아이로 자랐다. 평소에는 한없이 좋던 어머니가 한 번씩 수틀리면 갑자기 언성을 높이며 이성을 잃는 히스테릭한 성격이었다. 그런 어머니의 성격 때문에 사춘기가 되어도 이성관을 제대로 정립하지 못했고 오랜 세월 동안 혼란스러운 시간을 보냈다.

어릴 때부터 가정 교육을 얼마나 엄하게 하셨는지 몇 가지 사례를 이야기해 본다. 내가 생각하는 나는 선천적으로 쉽게 거짓말을 못하는 아이였다. 천성이 여리고, 소심하고, 부끄러움을 많이 타는 아이였다. 그런 성향의 아이는 윽박지르는 것이 아니라 용기와 힘을 주어서 외향성의 기질을 길러 가도록 해야 한다. 그러나 어머니는 철저하게 나를 착한 아이로 만들어 가는 강박 증세가 있었다.

과도한 참견과 억압은 정직하고 착한 아이 이전에 더 움츠러들고 융통성 없는 아이를 만들어 간 것은 아니었을까?

가난한 살림에 어린 나는 용돈이라는 것을 몰랐고 받아 본 적도 없다. 초등학교 저학년 때는 어머니가 직접 사주는 학용품을 썼다. 초등학교 때도 용돈이라고는 만져 볼 수조차 없었다. 돈을 몰랐으니 돈으로 장난을 치거나 부모님을 속일 수도 없었다.

학년이 올라갈수록 필요한 학용품을 직접 사야 하는 일이 늘어났다. 학용품을 사기 위해 돈을 받으면 꼭 그 학용품을 사야 했다. 그날 산 학용품은 어머니께서 반드시 확인하셨다. 예를 들어, 크레용을 사면 집에 돌아와서는 어머니께 꼭 크레용을 보여 드리고 확인받아야 했다. 그렇게 학용품을 살 때마다 확인하셨기 때문에 돈을 허투루 쓸 수가 없었다. 친구들은 용돈도 있었고, 가끔은 학용품 산다고 받은 돈으로 과자를 사먹기도 했다.

　나는 학용품을 사면 매번 어머니께서 검사하셨기 때문에 과자를 사먹을 수가 없었다. 용돈 좀 달라고 어머니께 말씀드리면 필요한 학용품을 다 사주는데 돈이 뭐 필요하냐며 일언지하에 거절하셨다. 답답하기 이를 데 없어도 돈에 대한 어머니의 생각은 도저히 정복할 수 없는 철옹성처럼 보였기에 포기하고 체념하며 지냈다.

　또 하나 잊을 수 없는 이야기가 있다. 새마을운동이 한창이던 때였다. 잘살기운동의 하나로 구판장을 권장했다. 같은 우물물을 먹는 골목의 약 십여 가구가 우물계를 조직하여 구판장을 열었다. 과자, 음료수 등을 포함하여 간단한 생활필수품을 준비해 놓고 집마다 돌아가면서 가게를 맡아 보기로 했다. 한 달이 지나면 결산을 했다. 물건을 맡아 구판장을 열었던 집마다 돈이 많이 비었다. 결산이 끝나면 구판장을 맡아 열었던 집은 돈을 채워 넣기에 바빴다.

　우리 집 차례가 되었다. 과자며 생필품이 방에 진열되었다. 용돈이라고는 받아 본 적이 없는 가난한 내 주머니, 눈뜨면 보이는 과자가 못 견디게 먹고 싶었다. 몇 날 며칠을 참고 참았다가 하루는 어머니 몰래 십 원짜리 과자 하나를 집어 들었다. 뒤란으로 가서 떨면서 몰래 과자를 먹었다. 다 먹어 갈 때쯤에 어머니가 뒤란으로 들어왔고, 나는 당황하며 봉지를 숨겼다. 떨리는 손과 굳어지는 얼굴을 애써 진정시키며 태연한 척 시치미를 뗐다.

　그렇게 의무적으로 가게를 맡아 봐야 하는 한 달이 지났다. 결산하는 날이 되어 똑똑한 동네의 한 젊은이가 계산을 했다. 이상한 일이 발생했다. 대부분 다른 집에서는 돈이 비었는데 우리 집에서는 십 원짜리 하나 부족하지 않았다. 믿을 수 없었던 어른들은 다른 젊은이에게 다시 계산을 맡겼다. 결과는 마찬가지로 돈이 비지 않았다. 구판장을 더 이상 하지 못하게 되었을 때까지 결산에서 돈이 비지 않은 집은 우리 집이 유일했다.

나는 어머니에게 여쭈어 보았다.

"내가 과자를 먹었는데 어떻게 돈이 비지를 않았을까요?"

어머니는 내가 과자를 먹는 것을 알고 있었고, 그때 어머니는 돈을 채워 넣었단다. 어머니의 지혜는 우리 가족의 칭찬이 되었다. 나는 십 원짜리 과자를 몰래 먹다가 들켜 버린 날 이후로 과자를 더 이상 몰래 먹지 않았으며 독하게 참았다. 눈앞에 마시멜로를 두고 참아야 했던 끔찍한 훈련을 일찍부터 했다.

남을 속이고도 태연히 잘 살아가는 사람들, 남에게 빚을 지고도 잊어버리는 사람들, 두꺼운 얼굴을 하고 아무렇지도 않은 것처럼 잘 살아가는 사람들이 때로는 부럽기도 했다. 그러나 그것이 결코 좋은 일이 아니며 멀지 않아 진실은 드러나게 된다는 사실을 일찍 깨우치고 있었다.

그렇게 부모님에게서 물려받은 심성과 속이고 싶어도 속일 수 없는 상황은 나를 곧이곧대로 살아가는 사람으로 만들어 갔다. 곧이곧대로 산다고 해서 더불어 살아가는 세상에 남들과의 조화를 깨뜨릴 만큼 융통성 없음은 아니다. "곧이곧대로"라는 말을 나쁘게 표현하면 융통성 없는 사람이 되지만 좋게 표현하면 "선비 정신"이 아닐까 한다. 외롭지만 불의와 타협하지 않고 세상에서 배운 대로 생각하며 행동하는 올곧은 마음이다.

얼마나 많은 사람이 바르게 살지 않았으면 '바르게살기 운동본부'가 생기고 바르게 살자고 캠페인을 하는지 나로서는 남의 이야기처럼 들릴 뿐이다. 아직도 매스컴을 떠들썩하게 하는 부정적인 뉴스가 많으며 불법과 탈법을 밥 먹듯이 하는 사람들이 있다는 사실에 서글퍼진다.

아울러 권모술수에 능한 사람을 능력 있는 사람으로 대우하고 당연한 것처럼 여기고 있는 사회 현상에 실소를 금할 수 없다. 그에 반하여 곧이곧대로 바르게 살려는 사람을 아직도 바보처럼 생각하는 투명하지 못한 세상이 안타까울 뿐이다.

'지행일치'(知行一致)라는 말이 있듯이 아는 것과 행동하는 것이 같도록 살아야겠다. 그렇게 살아갈 때 조금 더 밝고 투명한 세상이 만들어지리라 생각한다. 오늘도 검은 나와 끝없는 싸움을 하며 곧이곧대로 살아가려 애쓴다.

7. 유년기의 추억

촌에서 태어나 촌에서 자라면서 자연에 대한 아름다운 기억과 추억을 쌓으며 컸다. 이른 봄이면 산에서 진달래를 따 먹고 한 아름씩 꺾어서 산을 내려왔다. 우리의 입술은 진달래 물이 들어 검은빛을 띠고 있어도 각자의 눈망울은 순수가 뚝뚝 떨어질 듯 맑았다. 진달래와 함께 먹거리로는 송기가 있다. 이른 봄부터 물이 알맞게 오른 어린 소나무의 껍질을 벗겨 먹던 송기의 시원한 맛은 아직도 군침이 돌게 한다. 송기를 우리는 아직 '송구'라는 사투리로 부르고 있다.

봄이면 또 빼놓을 수 없는 것이 있다. 찔레의 어린 새순을 잘라서 먹는 것이었다. 아직 가시가 여려서 찔릴 위험은 없다. 그래도 찔레순을 먹을 때는 조심조심해서 먹었다. 그렇게 산으로 들로 다니면서 속칭 빼기 뿌리를 캐서 먹었다. 그 식물의 정식 이름은 알 수 없다. 살이 오른 뿌리를 캐서 껍질을 벗기면 살이 통통하게 오른 하얀 속살이 드러난다. 그렇게 껍질을 벗기고 뿌리를 씹어 먹으면 달짝지근한 맛이 났다.

봄이면 강가에서는 물이 오른 버들강아지를 잘라 피리를 만들어 불었다. 작은 것에서부터 제법 큰 피리를 만들어 불기도 했다. 그렇게 노는 것도 지겨우면 마을 앞을 흐르는 강, 남선면 신석리와 안동시 송천동 경계를 흐르는 반변천(半邊川)으로 나갔다.

반변천은 영양 일월산에서 발원하여 임하댐을 거쳐서 국립안동대학교 앞을 흐르는 강을 말한다. 옛날에는 부산에서 출발한 소금 배가 여기까지 드나들었다는 이야기가 있을 만큼 쉬지 않고 맑은 물이 흘렀다. 그러나 지금은 임하댐이 들어서면서 흐르는 물의 양이 급격히 줄어들었다. 이제는 물이 거의 흐르지 않는 강을 따라 잡초만 무성하게 자라는 쓸쓸한 곳으로 변하고 말았다.

여름이 되면 우리는 부끄러움도 모르고 발가벗고 강에 뛰어들어 멱을 감았다. 같이 멱을 감던 짓궂은 동네 형이 물속에 우리를 빠뜨려서 애를 먹기도 했다. 건너편 송천동 사람들이 우리를 해코지하러 온다고 겁을 주기도 해 두려운 마음으로 멱을 감기도 했다.

여름방학이면 강에 나가 멱을 감으며 놀아서 그런지 수영을 어느 정도 할 수 있게 되었다. 정식으로 배우지 않은 수영이지만 그렇게라도 수영을 하니 물이 두렵지 않게 되었다. 강물에서 멱만 감은 것이 아니었다. 깊은 물에서는 멱을 감고 얕은 곳에서는 물고기를 잡았다.

물고기는 두 가지 방법을 써서 잡았다. 주로 사발 무지와 파리낚시였다. 사발 무지는 사발에 먹이를 넣고 구멍을 낸 천을 덮어씌우고 물속에 넣어 두면 된다. 물고기들이 맛있는 냄새를 맡고 먹이를 먹으러 사발에 들어가면 건져 내어 고기를 잡는다.

파리낚시는 흐르는 강물 양쪽으로 말뚝을 박아서 파리낚시를 달아 놓으면 피라미들이 많이 걸려들었다. 지키고 서 있다가 걸려들면 떼어서 바구니에 담으면 된다. 강에서 그렇게 유년의 해맑은 기억을 마음 가득히 담으며 놀았다.

가끔 맨손으로 돌을 뒤져서 꺽지며 뚜구리를 잡았다. 맑은 물속의 작은 돌을 뒤져가면서 가끔 가재를 잡기도 했다. 그렇게 잡은 가재를 집에 가져와 익히면 붉은색이 되었고, 색의 변화에 신기하기도 했다.

그렇게 좋은 추억을 만들던 강물도 여름이면 한 번씩 몸살을 앓았다. 지금은 강을 따라 쌓아 놓은 제방이 높게 자리하고 있다. 제방이 없던 어린 시절, 여름날 홍수가 나면 강물은 논에 심어 놓은 모를 뒤덮으며 신석리 마을 입구에 있는 동구 나무까지 올라왔다. 비 오는 날 우산을 쓰고 붉은 흙탕물이 불어오는 모습을 구경하러 마을 입구로 나가보기도 했다. 구경은 하러 나왔지만 무서워서 멀찍이 서서 불어오는 물을 보다가 돌아오곤 했다.

세상을 모두 쓸어 갈 것 같던 붉은 황토물이 물러가고 시간이 지나면서 맑은 물이 찾아오면 우리는 다시 강으로 모여들었다. 강에 모여 유년의 아름다운 그림을 그리던 아이들이 성장하는 만큼 세상도 조금씩 변해갔다.

훌쩍 커 버린 아이를 쉽게 알아볼 수 없는 것처럼 변해가는 강도 매우 낯설어졌다. 강을 따라 제방을 쌓은 강에서는 더 이상 꺽지와 뚜구리를 볼 수도 잡을 수도 없다. 가재는 어디로 가 버렸는지 볼 수 없게 된 지 오래되었다. 가재만 못 보게 된 것이 아니었다. 언제부턴가 미루나무도 없어지기 시작했다.

이제는 잘 볼 수 없는 나무다. 전에는 강가에 미루나무가 많이 자라고 있었다. 맑은 강물이 흐르고 적당한 모래와 자갈이 있었다. 강가에는 키가 큰 미루나무가 군락을 이루며 자라고 있었다. 어느 유원지 같아서 내가 다니던 남선초등학교에서는 소풍을 자주 오기도 했다.

미루나무는 언제부터 키가 컸는지 항상 목이 아프도록 쳐다보았다. 파란 하늘 높이 구름을 걸치고 서 있었고, 척박한 땅도 마다하지 않고 어디에서든 말없이 서 있었다. 그 높은 곳에서 우리를 내려다보면서 열심히 살아가라며 언제나 녹색 손을 힘차게 흔들어 주던 인심 좋은 아저씨 같은 나무였다. 다 해진 러닝셔츠를 입고 코를 흘리며 바라봐도 그렇게 다정하던 키다리 미루나무 아저씨는 모두 어디로 가 버렸는지 이제는 잘 보이지 않는다.

개발이라는 인간의 거친 손에 떠밀려 멀리 사라졌다. 수입 밀에 밀려 사라진 밀밭도 그렇거니와 어린 시절에 함께했던 보리밭과 미루나무는 우리 주위에서 슬그머니 사라졌다. 아름답게 꿈을 키우던 유년의 추억은 환경 개발이라는 이름으로 파괴되어 사라졌다. 그런데도 강을 건널 때마다 강에서 재미있게 놀고 있는 내 유년의 모습을 상상하며 작은 미소를 지으며 건너간다.

달이 뜨지 않는 강 철새 뜸해지고

망연히 혼자 흐르는

죽어 있는

강이다.

우리에게 시를 가르쳐 주셨던 고(故) 조영일 선생님 시의 일부분이다. 강 건너 송천동에서 사시던 선생님께서 변해 버린 반변천의 아쉬움을 시로 노래하셨다. 선생님, 하늘나라에서 평안히 영면하시길 기원합니다.

8. 왕따를 당하다

나는 초등학교 시절에 동네 친구들에게서 왕따를 당했다. 5학년 봄 학기부터 시작된 것으로 기억한다. 지독하게 아프고 외로운 시절을 보냈다. 지금 생각해도 참 가슴 아픈 기억이다. 어린 내가 온몸과 마음으로 아픈 상처를 견디며 초등학교를 졸업했다. 대화나 화해도 없이 친구들은 시내에 있는 중학교에 진학하였고, 나는 중학교에 못 가면서 멀고 먼 거리의 친구들이 되고 말았다.

왜, 무엇 때문에 친구들은 나를 따돌렸을까?

친구들에게 특별히 잘못한 일도 없었다. 아무리 이유와 원인을 찾으려 해도 없다. 다만 유추해 볼 수 있는 것은 저들 눈에 내가 바보처럼 보였을 것이라는 이유밖에 없다. 말도 잘 못하는 아이였다 (말을 잘 못한다고 해서 생각까지 없는 것은 아니었다). 그렇다고 공부를 잘하는 것도 아니고, 운동도 잘하는 것 하나 없는 아이였다.

거기에다가 다른 친구들은 모두 든든한 형들이 있었지만 나는 늘 혼자였다. 이것이 결정적인 이유이자 원인이 아니었을까 한다. 모두 형들이 있는데 나만 형이 없으니 만만하게 보았다.

그들이 나를 외면하고 유치하게 놀리기는 했어도 구타는 거의 없었다. 불행 중에 다행이었다. 그들이 나를 때리지는 못했던 이유 중의 하나는 어머니의 불같은 성격 때문이 아니었을까 한다. 순하던 시골 아낙이었지만 누가 나를 해코지하는 것에는 물불을 안 가리고 싸웠다.

그 전에 한 번 친구에게 맞고 들어간 적이 있다. 누구에게 맞았는지 말을 잘 하지 않는 나를 다그쳐 동네 친구를 알아내었고, 그 집에 찾아가 동네가 떠나갈 듯 난리를 친 적이 있다. 부끄럽지만 그 친구가 여자 동창이었다. 비슷한 친구 둘이 어울려 다녔다. 그중에 한 친구는 초등학교를 졸업한 후에 자살했다.

동네에 같은 학년의 남자는 나를 포함해 네 명이 있었다. 그들이 나를 왕따시키고 괴롭혔다. 지금 생각하면 참 유치하다는 생각이 들어도 그때는 하늘이 무너지는 느낌이었다. 그렇지 않아도 외로움을 많이 타던 나를 피하고 멀리하는 것은 그 자체만으로도 지독한 형벌이었다.

그 친구들은 자신들만 나를 멀리하고 피하는 것으로 그치지 않았다. 같은 학년은 물론이고 후배들에게도 나와의 대화나 어울리는 것을 막았다. 동네에서는 후배들하고도 대화를 섞을 수 없게 된 것이다. 그래도 숨을 쉴 수 있는 공간이 있었다. 학교에 가면 같은 반 친구들이 있어 어느 정도 어울릴 수 있었다. 방과 후 하교 시간부터 집에까지 혼자였고,

아침에는 학교까지 혼자 걸어갔다.

  단순히 외면하는 것은 신사적인 행동이었다. 나를 비참하게 만드는 것은 후배들에게 내 뒤통수를 치고 오라고 시키는 것이었다. 그 당시만 해도 비록 초등학교였지만 어느 정도 학년 간에 위계질서가 있었다. 그런데 친구들의 명령에 후배가 내 뒤통수를 치고 가면 나는 말할 수 없는 모멸감에 몸을 떨었다. 거기에다가 막대기로 찌르거나 가끔 내게 침을 뱉고 도망가는 일도 있었다. 따라가서 때리고 싸우려고 하면 단체로 막아섰다.

  등하굣길에 이런 일들이 수도 없이 일어났다. 그럴 때마다 단체로 그 후배를 막아서는 친구들 때문에 화를 삭여야 했다. 가끔 싸우기도 했지만 말할 수 없는 수치심과 모멸감은 가슴에 미움으로 자랐다.

  그런 유치한 행동에 더하여 유치한 말로 내 가슴을 후벼팠다. 특히, 내 이름으로 트집을 잡아 놀리는 경우가 많았다. 심지어 부모님과 동생까지 들먹이며 나를 조롱하고 비웃었다. 친구들에게 말할 수 없는 조롱과 비웃음을 받아도 혼자 속으로만 삭였다.

  그들이 아주 유치한 말로 나를 괴롭혀 여기에 쓰기도 민망하여 옮겨 적지 않는다. 또한, 그날의 언어폭력을 쓴다는 것은 아직 가슴에 못으로 남아 있는 상처를 다시 건들어 피를 흘리게 하는 것이기에 쓰지 않기로 한다.

  그때부터 이름을 바꾸고 싶다는 고민을 심각하게 시작했다. 어쩌면 내가 이름을 고쳐야 할 사람이다. 본래의 내 이름도 아니며, 이름 때문에 많은 상처를 받았다. 작명가에게 지었던 내 본래의 이름은 형묵(亨默)이다. 출생신고를 할 때 무엇이 잘못되었다. 본래 내 이름은 어디로 가

버리고 현묵(鉉默)으로 호적에 올라갔다.

작명할 때 받은 김형묵(金亨默)이라는 이름이 적힌 작명서를 어머니께서 고이 간직하고 계시던 것을 초등학교 때까지 보았다. 그 후 작명서가 언제 없어졌는지, 없어져 아쉽기 그지없다.

초등학교 저학년 때 내 이름을 '김형묵'으로 쓰니까 담임 선생님이 너는 네 이름도 모르냐고 말씀하셨다. 작명서에 쓰여 있는 형묵(亨默)이라는 이름만 알고 아직 호적에 내 이름이 현묵(鉉默)으로 올라가 있는지는 모를 때였다.

초등학교 때부터 현묵이라는 이름 때문에 나는 상처를 많이 받았다. 묵이라는 이름 때문에 도토리묵인지, 메밀묵인지 물어오는 사람들은 그래도 양반이다. 친구들이 내 이름을 가지고 놀리며 나를 괴롭혔지만, 나는 내 이름을 이렇게 지어 주신 부모님을 원망하지는 않았다. 친구들에게 시달려 피곤하고 괴로워 우는 날이 많아도 부모님 앞에서는 전혀 내색하지 않았다. 힘들고 어려운 순간을 잘 참으며 지냈다. 그러나 나를 힘들게 했던 친구들을 향한 미움은 가슴에 차곡차곡 담아 두었다.

본래 부모님께서 지어 주신 김형묵(金亨默)이라는 이름을 썼다면 내 인생이 이렇게 심하게 굴곡이 지지는 않았을 것 같다는 생각이 들어 아쉬울 때가 많다. 형묵(亨默)이라는 이름처럼 모든 것이 형통했을 것 같은 생각이 든다. 형통한 삶은 어쩌면 이 땅을 살아가는 모든 사람의 바람일지도 모른다.

최근 쉽게 개명하는 사람들을 보면서 나도 끝없이 개명의 유혹을 받았다. 실제로 주위에 개명을 한 사람들이 많다. 내가 보기에 예쁘고 좋은 이름을 가지고 있어도 고치는 경우를 봤다. 개명한 사람 중에 정말 이름이 나빠서 고친 경우는 소수다. 대부분 지금까지 살아왔던 인생보다 앞으로 남은 인생이 더 좋아졌으면 하고 바라는 마음을 담아 고쳤다.

이름 하나 바꾼다고 인생이 천지개벽(天地開闢)하지는 않을 것이다. 몇십 년을 살아온 삶의 관습 때문에 쉽게 인생이 달라질 수 없다. 그럴 바에는 오랜 세월 동안 나와 동고동락(同苦同樂)하며 지내 왔기에 익숙한 현재의 이름이 더 낫지 않을까 한다. 좋든 싫든 부모님께서 주신 이름으로 오랜 세월을 살아왔는데, 개명해서 또 다른 이름으로 살아가는 것이 옳지 않다는 생각이다. 다만 부모님께서 지어 주신 이름에 누가 되지 않도록 바른 삶을 살아가는 것이 더 중요하다고 생각한다.

이름 때문에, 또 왕따로 피를 철철 흘리는 그 순간에도 새 이름으로 지어 달라고 말하지 않았다. 이제는 글을 쓰면서 이름을 고치고 싶다는 생각을 깨끗하게 접었다. 자랑스러운 내 이름이 책에 인쇄되어 나오는 것에 뿌듯함을 가지고 있다. 아울러 예명을 쓰거나 호를 쓰는 것도 아직은 원하지 않는다.

5학년 때 시작된 왕따는 6학년이 되면서 수그러들었다. 그러나 내 가슴에 뿌려진 상처와 아픔은 미움에서 증오로 변하고 있었다. 적극적으로 유치한 행동을 하지는 않았지만, 서로의 골은 깊어질 대로 깊어지고 말았다. 그들이 내게 다가오기도 서먹하고 내가 그들에게 다가가기에도 서먹한 시간이 되고 말았다. 같은 동네에서 매일 얼굴을 보는 친구들임에도 그렇게 대화 한마디 없이 지나치며 초등학교를 졸업했다.

그들은 시내에 있는 중학교에 모두 진학했다. 나는 가난한 집안의 아이들을 모아 가르치는 비인가 학교에 들어갔다. 시내 중학교에 다니는 친구들은 이른 아침 첫차를 타고 학교에 가면 늦은 시간에 집에 돌아오는 경우가 많았다. 우리는 얼굴도 잘 볼 수 없는 사이가 되어 갔다. 그렇게 대화 한마디 없는 3년을 보내고 나는 서울에 일하러 갔다. 친구들은 고등학교에 진학하여 공부를 이어 갔다.

서울에서 공장생활을 하면서도 왕따에 대한 아픔은 지워지지 않았다. 어떻게 하면 복수를 해 줄 것인지 고민하기 시작했다. 마침 같이 일하던 동료가 태권도를 배우러 가자고 했다. 내가 약해서 친구들에게 맞고 왕따를 당했다는 생각이 들었다. 태권도를 배워서 친구들을 만나면 실컷 때려 주고 싶다는 철없는 생각이 들었다.

운동 신경이 둔한 내가 친구와 함께 일터 가까이에 있는 태권도장에 등록했다. 태권도는 주먹보다 주로 발을 많이 사용하는 운동이다. 아무렇게나 발을 올려서 상대를 차는 것이 아니다. 상대를 차고 내릴 때 관절을 많이 쓰는 운동이다.

태권도의 기본자세를 익히면서 가끔 상대와 대련도 했다. 태권도를 배우는 동안 발차기는 늘었지만, 관절에 무리가 오기 시작했다. 모든 것에 쉽게 싫증을 내던 내가 가슴에 이글거리는 증오로 버티면서 약 2년 만에 초단을 땄다. 태권도 단증을 따고 발차기는 잘하게 되어도 무릎이 시큰거렸다.

그렇게 지워지지 않는 증오를 키우며 살던 스무 살 때였다. 그해 추석 때인 것으로 기억한다. 동네 친구 두 명이 우리 집에 찾아 왔다. 나를 찾아 준 그들을 나는 반갑게 맞이했다. 무슨 이야기가 오고 갔는지 기억은 없다. 특별한 말이 없어도 나를 찾아와 주었다는 사실에 고맙고 좋았다. 초등학교 5학년 철없는 나이에 시작된 서먹함을 녹이는 데 그렇게 오랜 세월이 걸렸다. 긴 세월 동안 이어진 서로의 서먹함을 풀기 위해 용기를 내어 준 친구들이 참 고마웠다.

그 이후에 서먹했던 또 다른 친구와 자연스럽게 어울리기 시작했다. 한 동리에 사는 네 명의 남자 친구들이 온전하게 어울리게 된 것이다. 다음 해에 우리는 시내 금은방에 가서 우정을 새긴 3돈짜리 반지를 맞추었다. 그런다고 내 가슴에 남아 있는 앙금이 쉽게 지워지지는 않았다. 앞에서는 친구로 웃고 있지만 어린 시절의 상처가 자라 증오가 되고 못이 되어 박혀 있는 가슴이 쉽게 치유될 수는 없었다. 가해자는 쉽게 잊어도 피해자는 아픔을 골수에 새기며 긴긴 세월을 살았다.

화석처럼 남아 있던 증오가 녹아내리는 일이 생겼다. 내가 교회에 다니기 시작하면서부터 변화가 시작되었다. 가슴에 남아 있던 여러 가지 미움을 하나둘 지우기 시작했다. 솔직히 나에게 아픔을 준 사람을 용서해 주는 것이 쉽지는 않았다. 나에게 아픔을 주었던 모든 사람을 용서하고 사랑하게 해 달라고 기도했다.

그때 들려온 음성이 있었다. 사실 귀로 들은 음성은 아니다. 가슴 저 밑바닥이 뜨거워지며 들려온 음성이었다. 가슴에서부터 들려온 음성이기에 쉽게 사람을 용서하고 사랑할 수 있었다. 귀로 들은 말로는 마음을 바꾸기가 쉽지 않다. 그러나 마음에서부터 뜨겁게 올라오는 사랑은 생각과 행동을 쉽게 바꿀 수 있다.

"사람을 절대로 미워하지 말라"는 말과 함께 "사랑하며 살라"는 음성이었다. 예수님은 우리를 사랑하시기 위해 십자가에 못 박혔고 피를 흘리며 돌아가시는 고통을 감내하셨다.

"내가 너를 사랑한다. 너도 그 사랑을 전하라."

꼭 같은 상처라도 성인이 받는 상처는 작게 느껴질 수 있지만 여린 아이가 받는 상처는 작아도 크게 다가오는 법이다. 오랜 세월 동안 딱딱한 체증으로 가슴에 남아 있던 상처가 아침 햇살에 사라지는 이슬처럼 날아갔다. 어머니에 대한 애증도, 훗날 결혼까지 약속했던 그녀가 가난하다고 나를 떠나버린 원망도 함께 녹아내렸다.

증오가 사라진 자리에 가슴 가득히 사랑과 평화가 밀려왔다. 나는 할 수 없어도 하나님이 하셨다. 그 친구들과 세상의 모든 사람이 사랑스러워지기 시작했다. 그랬다. 미움을 품고 있는 동안 내 마음이 어둡고 불편했다. 놓아주고 용서한 다음부터 내 마음에 말할 수 없는 평안함이 찾아왔다. 마음이 가벼워지고 세상이 아름답게 보였다.

또 하나 소중한 경험을 얻었다고 생각한다. 그때 왕따를 당해 어린 가슴이 피를 철철 흘리며 지냈다. 그러나 지나고 보니 그것은 힘든 인생을 잘 살아가라고 하나님이 일찍이 내적 면역력을 길러 주신 것이라는 생각이다.

예순을 넘기는 이 나이까지 무수한 골짜기를 건너왔다. 그런 고난의 골짜기를 안전하게 건너왔다. 지금 되돌아볼 수 있다는 것은 일찍이 단련된 정신 근력이 있었기에 가능하다고 본다. 아픔은 아픔으로만 끝나는 것이 아니다. 그 아팠던 경험 때문에 현재 내가 힘들고 지칠 때 견딜 수 있는 견인성을 얻는 것이다. 지난날의 아픔은 현재의 아픔을 거뜬하게 건너가도록 만들어 주는 징검다리 역할을 한다.

9. 중학교에 못 가다

나는 중학교에 진학하지 못한다고 담임 선생님께 말씀드렸다. 나를 안타까운 눈으로 바라보시던 담임 김원일 선생님의 모습이 아직도 선하다. 나를 많이 아껴 주신 선생님이었다. 다른 친구들은 대부분 시내 중학교에 진학하는데 남학생은 나만 못 가는 것 같다.

내가 중학교 진학을 결정해야 할 때 우리는 큰외삼촌 소유의 천수답(天水畓)을 사게 되었다. 논은 우리 집 뒤쪽 골짜기에 있다. 논이 없던 차에 큰외삼촌 소유의 천수답을 사게 된 것이다. 수리 시설이 잘된 논도 아니고 오직 하늘에서 내리는 비만 바라보며 논농사를 지어야 하는 천수답이다.

논을 사야 할까 아니면 아들을 중학교에 보내야 할까, 어머니는 나름 고민을 하셨지만 안 먹고는 못 산다며 천수답을 사는 것으로 마음을 정하셨다. 배움이 무엇인지 아셨던 어머니께서 그런 결정을 할 수밖에 없었던 것은 지독하게 가난한 아버지를 만나 배고픔이라는 서러움을 경험했기 때문일 것이다.

어머니는 가난한 살림에 지독하다는 소리를 들으며 돈을 모아서 전답을 샀다. 큰외삼촌 소유의 천수답을 사기 전에 일찍이 작은외삼촌의 도움을 받아 반듯한 밭을 하나 산 적이 있다. 아무것도 없는 누나를 위해 작은외삼촌께서 외숙모님의 눈총을 받으면서까지 밭을 사는 데 도움을 주셨다.

이야기가 곁길로 갔지만 논을 사는 비용과 입학금을 동시에 마련하기에 힘이 들었던 어머니는 나를 중학교에 보내지 않기로 하셨다. 중학교에 가지 못하게 되는 이 결정 때문에 나는 대학원을 졸업할 때까지 열등감 속에서 몸부림치는 인생이 되고 말았다. 초등학교 졸업이라는 간판으로 길고 긴 사춘기의 어두운 터널을 지나며 방황하게 된다.

그래도 배움이 무엇인지 알고 계셨던 어머니는 임하면 소재지에 있는 고등공민학교에 나를 입학시켰다. 그곳은 중학교에 가지 못하는 친구들을 가르치기 위해 뜻있는 재력가가 세운 학교다. 일반 중학교와 같은 3년의 교육 과정이지만 졸업 때 검정고시를 쳐서 합격해야만 고등학교에 진학할 수 있다. 교복은 맞추어 입었어도 시설은 건물에 책걸상만 있는 창고나 다름없는 열악한 학교였다. 교사들은 주로 임용을 기다리는 젊은 선생님들이 많았다.

그 학교에 가면서 나는 혹시나 추목리 평지마을에 사는 내 어릴 적 친구 김응수와 이돈우를 만날 수 있지 않을까 생각했다. 그 친구들이 건너편 추월리에 있는 임하중학교에 진학했으리라 생각했다. 시간이 흐르면서 보니까 그들은 임하중학교에 입학해 다니고 있었다. 그러나 궁금함과 반가움보다는 열등감과 부끄러움 때문에 끝내 인사를 나누지 못하고 3년을 지내고 말았다. 그들은 보이지 않는 우월감을 가지고 있었고 우리는 보이지 않는 열등감을 가지고 있었다.

나는 시내 중학교에 진학한 친구들을 생각하면서 지독한 열등의식에 사로잡히기 시작했다. 겉으로는 아무런 내색을 하지 않았지만 속으로 자꾸만 초라해지는 자신을 견디며 지내야 했다. 강압적으로 그 학교에 보낸 어머니를 향한 불만에 공부도 열심히 하지 않았다. 걸어 다니는 먼 거리 통학이 힘들었는지 집에 돌아오면 지쳐서 잠에 빠져들기 일쑤였다.

그래도 다행인 것은 김욱영이를 비롯해 좋은 친구들을 새로 사귀게 되어서 좋았다. 점심시간이면 그들과 함께 뒷산에 올라가 점심을 먹으며 차츰 적응해 갔다. 거기에다가 3학년 선배 누나들이 나를 많이 이뻐해 주었다.

지금은 얼굴이 많이 달라졌어도 그때는 항상 웃는 얼굴에 귀엽게 생긴 인상이었다. 선후배의 위계질서는 있어도 전교생이 백 명도 안 되는 곳이라 어려운 분위기는 아니었다. 그 당시 안동 시내에 있는 중학교는 남녀공학이 없었지만 면부에 있던 학교는 대부분 남녀공학이었고 우리도 예외는 아니었다.

나를 이뻐해 주던 3학년 선배 누나들이 졸업하면서 그때까지 받았던 사랑도 끝이 났다. 그런데 국어를 담당했던 장삼석 선생님께서 나를 많이 편애하셨다. 얼마나 드러나게 편애하셨던지 지금도 동기 여학생들에게 원성을 듣고 있다. 이웃 금소교회의 전도사님으로 계시면서 국어와 음악을 가르쳐 주셨다. 항상 밝게 웃고, 귀엽고 복스럽게 생겼다고 나를 "북실이"라고 불렀다. 그렇게 착한 아이로 봐주시며 많이 사랑해 주셨다.

내가 나중에 사회에 나가서 이른 나이부터 신문을 구독했던 이유는 이 선생님의 말씀 때문이었다. 신문을 읽으면 다방면의 지식과 교양을 얻을 수 있다고 하셨다. 그 가르침에 신문을 열심히 구독했고 많은 것을 얻었다. 내 인생을 극적으로 변화시키는 계기를 얻게 된 것도 신문을 통해서다.

가끔 나를 불러 이런저런 말씀을 하신 후에는 교회에 나가라고 전도를 했다. 친구들도 내게 전도를 했다. 교회에 나가고 싶었지만 내가 사는 동네에는 교회가 없었다. 남선면 소재지에 교회가 있었고, 또 이웃 동네 이천리에도 교회가 있었지만 다니기가 쉽지 않았다.

나중에 신앙을 가지고 교회에 다니기 시작하면서 진작에 다녔더라면 하는 아쉬움이 강하게 들었다. 그랬다면 조금 더 긍정적인 아이로 성장하고 많은 것을 배우고 익혔을 것이라는 생각이 들었다. 자연스럽게 남 앞에 서는 훈련도 하면서 더 멋있는 인격체로 자랄 수 있었겠다는 아쉬움이 들었다.

그렇게 나를 편애하시던 선생님에게서 뺨을 심하게 얻어맞는 일이 있었다. 음악 시간에 선생님은 한 명씩 돌아가면서 노래를 부르라고 하셨다. 그러나 나와 키가 큰 한 친구는 끝까지 노래를 부르지 않았다. 선생님의 계속된 요청에도 우리 둘은 노래를 끝까지 부르지 않았다. 선생님은 화가 많이 났고 우리에게 교무실로 오라고 했다.

교무실에 불려간 우리에게 선생님은 노래를 부를 수 있는지 물었다. 우리는 노래를 못 부른다고 대답했다. 선생님은 우리의 양쪽 뺨을 사정없이 때렸다. 그런 후에 다시 노래를 부를 수 있는지 물었다. 우리는 여전히 못 부른다고 대답을 했고 뺨을 사정없이 또 맞았다.

그렇게 세 번을 얻어맞은 후 키가 큰 그 친구는 노래를 부를 수 있다는 대답을 했다. 나는 몇 번을 더 맞으며 버틴 후에 노래를 부를 수 있다는 대답을 하고 말았다. 친구가 같이 견디면 나도 끝까지 버티어 보려고 했는데 아쉽게 항복하고 말았다.

내 속에는 알 수 없는 고집 같은 것이 있었다. 그 고집이 오늘의 나를 만들어 온 원동력이 아닐까 하는 생각도 해 본다. 한 번은 떡이 많이 먹고 싶었다. 어머니에게 떡을 해 달라고 졸랐지만 단번에 거절당했다.

몇 번을 졸라도 어머니는 들은 척도 안 했다. 나는 화가 많이 났고 몇 년간 떡은 입에도 대지 않았다. 나중에 객지생활을 하면서 금주를 결심하고 전혀 마시지 않았던 것도 그런 고집스러움이 있었기에 가능했다.

웃으며 학교는 다니고 있어도 심각한 열등감에 빠져 있었다. 2학년 때쯤으로 생각한다. 어느 날인가 방과 후에 집으로 걸어오고 있었다. 이웃 동네 앞을 지나가는 신작로를 걸어올 때였다. 우리 집이 있는 방향에서 같은 반 여학생이 걸어오고 있었다. 내 생각으로는 저 여학생이 이쪽으로 걸어올 이유가 없었다. 그 여학생의 집은 학교에서 멀지 않은 곳에 있었기 때문이다.

학교에도 빠지고 어디에 갔다 오는 것일까?

순간 '혹시 우리 집에 왔다 가는 것이 아닐까'라는 생각이 들었다. 그렇게 생각하자 얼굴이 붉어지면서 그 여학생이 갑자기 미워지기 시작했다. 나는 그럴 것이라는 단정을 지었고, 그 여학생과 스쳐 지나갔음에도 말 한마디 안 하고 지나가 버렸다. 말 한마디 안 하고 지나가는 나 때문에 그 친구는 많이 당황했을 것 같다. 그것이 문제가 아니었다.

집에 들어오자마자 어머니에게 혹시 누가 다녀갔느냐고 물었다. 한 여학생이 다녀갔다고 말했다. 그러면서 면 소재지에 외가가 있는데 다녀가는 길에 들렀다고 말하더라는 것이다. 나는 숨기고 싶은 치부를 들켜 버린 것 같은 부끄러움에 그 여학생이 더 미워졌다. 지은 지 오래되어 다 허물어져 가는 초라한 내 집을 남에게 보이고 싶지 않았다. 더군다나 여학생들에게는 더 보여 주고 싶지 않았다. 그런데 그 여학생이 집까지 찾아와서 보고 갔다.

학교에서 봐도 냉정하게 외면했다. 얼마 후에 그 친구는 학교를 그만 두었고 더 이상 볼 수 없게 되었다. 지금 생각하면 많이 미안하다. 그렇게까지 냉정하게 대할 일은 아니었다. 그만큼 내 열등감이 지독했다는 말이다. "친구야, 우리 다시 만나면 화해의 차라도 한잔하자.

그런데 외갓집은 핑계고 날 보러 왔지?"

남녀공학이다 보니 여학생들에게 편지를 받는 일도 종종 있었다. 그러나 나는 그런 것에는 관심이 전혀 없는 아이였다. 조금만 일찍 철이 들었다면 장가를 빨리 갈 수 있었는데, 아쉽다.

그렇게 시간이 흘러 3학년이 되었고 검정고시를 목표로 공부했다. 등하교가 쉽지 않은 원거리의 학생들은 여름방학 동안 학교에서 기숙하며 공부하기로 했다. 여학생들은 사택에 딸린 방에서 잠을 자고 남학생들은 교실에 임시로 잠자리를 꾸며 잠을 자기로 했다. 방학 기간에 선생님들도 열심히 가르쳐 주셨다. 보충 수업이 끝나면 스스로 공부하는 것이었다.

방학이 시작되고 나도 함께하기로 했다. 생활에 필요한 쌀이며 찬거리를 갖고 와야 하는데 가난한 집에 무엇을 더 달라고 말하기가 힘들었다. 그래서 어머니께 쌀 한 말만 달라고 했다. 쌀만 들고 학교에 가져가자 사택에 계시던 선생님께서 불같이 화를 내셨다. 쌀만 갖고 오면 어떻게 하냐고 야단을 치셨다. 나는 아무 말 없이 고개만 숙이고 있었다. 할 말을 잃은 선생님께서 "나는 모르겠다. 너희들이 알아서 해라"라고 하시는 것이었다.

사택에 계시는 사모님께서 도움을 주시려고 했지만 철없는 학생들의 모습에 손을 떼고 말았다. 참 고마운 것이 여학생들이 밥을 지었고 자신들의 찬거리를 나누어 함께 먹었다. 그때는 철이 없어 고마운지도 몰랐고 고맙다는 말도 못 했다. 철이 들면서 그날의 여학생들이 참으로 고마웠다는 사실을 깨달았다. 늦었지만 고맙다는 말을 남겨 본다.

열다섯 명 정도의 원거리 학생들이 학교에서 잠을 잤고, 집이 가까운 학생들은 함께 공부하다가 집에 돌아간 것으로 기억한다. 낮에는 공부하는 척해도 저녁이면 모여서 노는 날이 많았다. 어린 나이지만 간섭하는 어른들이 없는 공간에 남녀학생들이 모여 있으니 공부에 열중하기가 쉽지 않았다. 그렇다고 어른들이 걱정하는 일탈은 전혀 없는 아직은 순수한 중학생이었다.

다만 늦게 전해 들은 한여름 밤의 사건이 하나 있었다. 다음 아니라 학교 앞에 있는 수박밭을 서리한 것이다. 여학생들이 한밤중에 수박밭에 들어가 수박을 따다가 주인에게 들켜 버린 것이다. 사택에 계시던 선생님의 무마로 일이 커지지 않게 마무리되었다. 내가 기억할 수 없는 것은 직접 개입하지 않았기 때문이다.

그렇게 공부한다고 열심을 떨었고, 나름대로 공부를 열심히 하기는 했다. 그때 나는 검정고시 과목이었던 미술 이론을 훤하게 꿰고 있었다. 수학과 영어는 영점에 가까울 만큼 못 했고 싫었다. 어머니는 검정고시에 합격하면 고등학교에 보내 준다고 말씀하셨다. 그러나 공부도 하기 싫었고 검정고시에 합격할 자신도 없었다. 시험은 대구로 가서 1박을 하고 다음 날 쳤다. 아쉽게도 시험을 친 장소는 기억이 없다.

시험을 치르고 집에 돌아와 발표를 기다렸다. 한 달 후에 난 발표에서 나는 전 과목 탈락이었다. 최소한 국어와 미술 두 과목 정도는 붙을 줄 알았다. 공부도 안 했지만 조금은 실망스러운 결과에 의기소침해졌다. 검정고시는 40점 이하 과목낙제 없이 평균 60점 이상이면 된다. 지금은 과목낙제가 없어져서 무조건 평균 60점 이상 맞으면 합격이 된다.

전 과목을 합격한 김욱영이와 몇몇 친구는 고등학교에 진학한다고 준비를 했다. 그들이 부러웠지만 공부하는 것을 싫어했으니 당연한 결과에 덤덤하게 지냈다. 해가 바뀌고 겨울방학이 끝나자 국어 선생님께서 나를 불렀다. 졸업식 때 나에게 답사를 하라면서 원고를 주셨다.

졸업식 순서에 따라 후배들의 송사가 있었고, 내가 답사를 읽어 내려갔다. 친구들 대부분 삼류 학교에서 벗어난다는 홀가분한 마음을 갖고 있었다. 이별의 아쉬움 대신에 굴레를 벗듯 한시바삐 벗어나려는 마음이다. 이것은 아닌 것 같아서 최대한 감정을 잡아 읽어 내려갔다. 나름대로 최선을 다해 읽어가는 중에 작은 흐느낌이 들렸다. 졸업식이 끝나고 모두 답사를 잘 읽었다고 말했다. 변성기 이전의 목소리라 지금처럼 좋지는 않았지만 다행이라는 생각이 들었다.

다음과 같은 답사의 한 줄이 아직도 가슴에 살아 있다.

현실의 이익만을 추구하는 사람이 아니라 바른 사람이 되겠습니다.

02

길고 지루했던 사춘기

1. 서울로 가는 기차

졸업을 한 후 집에서 놀고 있던 어느 날 학교에서 연락이 왔다. 학교에 갔더니 교장 선생님께서 서울에 아는 분에게 취업을 부탁하신 듯했다. 추천서를 써 줄 테니 찾아가라고 하셨다. 음악 선생님께 죽어라 뺨을 맞았던 그 친구와 나를 추천해 주셨다. 우리는 따스한 어느 봄날을 잡아서 서울에 가기로 했다. 여러 가지 필요한 서류를 준비하며 들뜬 마음으로 출발 날짜를 기다렸다.

상경 날짜가 되었고, 아침 8시 30분 청량리행 열차를 타고 서울로 가기로 했다. 교통이 불편한 외진 시골이라 시내에 있는 외삼촌 댁에서 잠을 자기로 했다. 내가 처음 서울에 올라가기로 되어 있던 바로 전날 밤, 평소에도 술을 즐겨 드시던 외삼촌은 만취된 상태로 밤늦게 퇴근해 오셨다. 일찍 잠자리에 들었던 외사촌들을 깨워서 일장 훈시가 시작되었다.

외삼촌에게 시달린 외사촌들은 급기야 그날 밤에 폭발하고 말았다. 둘째 외사촌 형이 쥐약을 들고 죽겠다고 소리쳤고 외삼촌은 술기운에 죽어라 하고 소리쳤다. 외숙모와 어머니는 형의 손을 잡고 쥐약을 뺏느라 실랑이를 했다. 쥐약은 뺏어도 밤새도록 싸우는 소리에 시달렸다. 잠 한숨 못 자고 청량리행 열차에 몸을 실었다. 열차에 앉자마자 나는 다짐했다.

'술은 절대로 마시지 말아야지.'

아버지께서는 법이 없어도 살아갈 만큼 순박하셨다. 어머니의 잔소리가 심하면 가끔 한 번씩 언성을 높이는 정도였다. 그에 비에 내 어린 시절 아랫집 아저씨는 두려움의 대상이었다. 원래 성격이 불같은데 술만 드시면 온 동네가 떠나갈 듯 아주머니에게 고함을 지르셨다. 윗집에 살았던 어린 나는 아저씨의 고함치는 소리가 무서웠다. 술만 취하면 아주머니를 구타하는 일이 다반사였다. 그런 구박에도 묵묵히 집안일을 하시던 그 아주머니가 어린 내 눈에도 측은하게 보였다.

그렇게 아랫집 아저씨의 주사를 자주 보며 성장한 나는 다음에 어른이 되면 술만큼은 절대로 마시지 말아야겠다고 스스로 다짐했다. 담배는 피워도 술은 절대로 마시지 않겠다고 스스로 다짐하고 있던 차에 외삼촌의 주사는 나의 결심을 더 단단하게 만들었다.

주소를 들고 서울 시내 고층 빌딩에 있는 사무실을 찾아갔다. 교장 선생님과 잘 아시는 분이 우리의 서류를 보더니 나이가 너무 어려서 취업이 안 된다고 했다. 나이가 그렇게 어릴 줄은 몰랐던 것 같았다. 다른 직원과 이야기를 나누더니 우리를 종로 뒷골목에 있는 바둑판을 만드는 공장에 취업시켜 주었다. '한일바둑사'로 종로에 큰 바둑판 가게를 운영하면서 직접 생산하고 있었다.

친구와 나는 그곳에 들어가 일을 시작했다. 처음 맡아 보는 본드 냄새, 나무를 다듬으면서 나는 먼지, 바둑판에 칠하는 니스 냄새 등 환경이 열악하기 그지없었다. 그래도 바둑판이 어떻게 만들어지는지 보게 되었다. 며칠 적응하며 일은 해도 어딘지 불편했다. 그럴 때 공장의 선임되는 분이 친구 사타구니를 만지며 장난을 쳤다. 이에 화가 난 친구는 집에 간다고 가방을 쌌다. 나도 적응이 어려운 곳에서 벗어나고 싶었다.

우리 둘은 고향 안동으로 내려간다고 청량리역에 왔다. 기차를 탈 시간이 아직 안 되어 하릴없이 앉아 있는데 말쑥한 차림의 한 신사가 다가왔다. 이런저런 이야기를 우리에게 물었다. 몇 마디를 나누고 우리가 시골에서 올라온 친구들이라는 것을 간파한 듯했다. 좋은 일자리가 있는데 일하러 가자고 했다. 그 당시에 경제가 발전하면서 공장에서 일할 일손이 부족하던 시기였다.

친구와 나는 어떻게 할지 의견을 나누었고 내 생각은 돈 벌러 서울에 올라왔는데 그냥 내려가기 싫었다. 그래도 친구가 내려가겠다고 하면 나도 어쩔 수 없이 내려와야 했다. 다행히 친구가 따라간다고 했다. 그 사람과 함께 버스를 타고 가서 내린 곳이 목동 어디쯤으로 기억한다. 1층은 상가였고 2층과 3층은 가죽 가방을 만드는 공장이었다.

며칠간 공장에서 일하다가 친구가 서울에 있는 친척에게 전화를 걸었다. 그 친척은 친구를 데리러 온다고 했다. 친척이 바로 왔고 우리는 친구의 집안 형님을 따라 삼양동으로 왔다. 지금 생각해도 아찔한 것이 소개비나 몸값을 요구하는 상황이 발생하지 않았다는 것이다. 당시에는 소개비나 몸값을 요구하는 일이 종종 있었다.

삼양동에 오니 친구의 집안 형님은 다방 재료를 납품하는 가게를 운영하고 있었다. 친구는 그 가게에서 일하고 나는 또 다른 집안 형님이 운영하는 LPG 가스 가게에서 일을 하기로 했다.

처음에는 녹이 슬어 있는 LPG 가스통의 녹을 제거하고 회색 페인트를 칠하는 일을 주로 했다. 그러다가 가까운 곳에 배달을 가거나 배달하는 형들을 따라다녔다. 그때는 10킬로그램 용기였고 서서히 지금의 20킬로그램 용기로 바뀌기 시작했다. 배달도 자전거에서 픽업트럭으로 바뀌고 있었다. 경상도 사장님 밑에는 경상도 사람들이, 전라도 사장님 밑에는 전라도 사람들이 많다는 이야기를 가스 사장님들에게서 들었다.

그럴 수밖에 없는 것이 연고를 통해 취업하던 때다.

시간이 지나면서 커다란 짐 자전거를 타고 서서히 가스를 배달하기 시작했다. 친구는 키가 큰 편이지만 나는 키가 작다. 가게의 형들이 나를 "꼬마"라고 부를 정도로 키가 작고 왜소했다. 큰 짐 자전거를 이기기도 힘들었다. 그래도 그 큰 자전거에 무거운 LPG 가스통을 싣고 자동차들이 많이 달리는 복잡한 서울 거리를 질주했다. 어린 나이에 무거운 LPG 가스통을 많이 들어서 왼쪽 어깨가 아직도 좋지 않다.

그 당시 부잣집이나 영업을 하는 식당에서 주로 가스를 많이 썼다. 비가 오는 날도 주문이 들어오면 배달을 가야 했다. 비를 맞으며 LPG 가스통을 메고 다니는 것이 어설프고 불편하기 짝이 없다. 한여름 더운 날도 일이 쉽지 않았다. 따가운 햇볕과 더위로 땀이 범벅이 된 옷을 입고 배달을 했다.

힘에 부치는 무거운 LPG 가스통을 메고 배달하는 것은 보통이다. 차량이 내뿜는 매연을 마시며 아슬아슬하게 차량 사이를 곡예하듯 배달을 했다. 나는 돈을 벌어야 한다는 굳은 각오로 참고 일을 했다.

쉬는 날에는 주로 바로 옆에 있는 아폴로극장과 조금 떨어진 곳에 있던 삼양극장에 가서 영화를 보면서 보냈다. 싼값으로 시간을 보낼 수 있는 최고의 놀이터였다. 삼양극장은 쇼를 자주 했다. 거기에다가 두 가지 프로그램을 동시상영 하는 경우가 많았다. 그렇게 쉬는 날이면 영화를 보았고, 영화 속의 예쁜 배우들을 많이 보면서 내 눈이 높아졌는지 모를 일이다.

LPG 가스 가게 가까이에는 여관이 하나 있었다. 그 여관의 아가씨가 거의 매일 목욕 바구니를 들고 목욕탕에 갔다. 짓궂은 가게 형들이 왜 그렇게 목욕을 자주 다니느냐고 그 아가씨에게 물었다. 아가씨의 대답이 걸작이었다.

"외박을 했으니 목욕하러 가야지요."

형들은 폭소를 터뜨렸고 나도 알 듯 모를 듯한 웃음을 웃었다.

추석이 되어 남들은 집에 내려가는데 나는 집에 내려가지 못했다. LPG 가스 가게는 추석 연휴가 더 바쁘다는 사실을 알게 되었다. 집집마다 명절 음식을 만드느라 가스 소비가 늘면서 주문이 밀렸다. 평일보다 더 늦게까지 일을 해야 했다.

남들 다 내려오는 추석에 기다리는 아들이 내려오지 않자 어머니는 불안해졌다. 추석이 지난 후에 어머니에게서 당장 내려오라는 연락이 왔다. 사장님께 말씀드리고 일을 그만두기로 했다.

그날 저녁에 나는 담배 가게에 가서 담배 두 갑을 샀다. 옆 건물에 있는 세탁소 아저씨에게 고향에 내려간다고 인사를 드렸다. 인사를 마친 후 담배 두 갑을 내려놓고 뒤도 안 돌아보고 나왔다. 담배를 선물하는 것이 왜 그렇게 부끄러웠는지 모른다. 그 아저씨는 다리가 살짝 불편했고, 혼자서 세탁소를 운영하고 계셨다. 가끔 세탁소를 이용했는데 창백한 얼굴의 사장님이 한편으로는 측은하다는 생각이 들었다.

화창한 어느 가을날 커다란 가방을 들고 안동역에 내렸다. 대합실을 나오자 저 멀리서 검게 탄 얼굴의 어머니가 나를 마중하러 역 광장으로 들어서고 있었다. 사랑하는 아들을 서울에 보내 놓고 하루도 편하게 잠을 못 자고 걱정했다고 한다. 그런데 남들 다 오는 추석에도 아들을 못 보자 마음이 너무 불편했단다.

서울에서 약 6개월을 지내다가 안동에 내리니 안동 시내가 시골처럼 보였다. 거기에다가 시골 마을은 완전히 빈민가처럼 보였다. 서울과 지방의 차이가 심하게 났다.

2. 공장에서 일하다

서울에서 내려와 잠시 쉬고 있는데 부산에 계시는 누님에게서 연락이 왔다. 국제시장에 일자리가 있으니 나보고 부산에 내려오라고 했다.

부산의 누님은 어머니가 낳은 첫째 딸로 윤씨 성을 가졌다. 결혼하여 부산에 살고 있었다. 어머니의 재가에도 왕래를 자주 했다. 우리는 해마다 메주를 만들어 부산진역으로 부쳤다. 그러면 누님은 부산진역에 나와서 메주를 찾아간다고 했다. 그때 초등학생이던 나는 그런 생각을 했다.

'편지는 집까지 배달이 되는데, 왜 물건은 집까지 배달이 안 될까?

집까지 배달이 되도록 하면 안 될까?'

이런 생각은 생각으로만 그쳤다.

부산의 누님은 매년 한 번씩은 다녀갈 만큼 자주 오셨다. 어느 해에는 낯선 과일인 귤을 갖고 오셨다. 부산 누님 덕분에 귤 맛을 일찍이 경험했다. 성격이 털털한 편이라 부담이 없어 좋았다.

둘째 누님은 청송에 살고 계신다. 어릴 때 어머니의 재가로 마음의 상처를 많이 안고 사신 듯하다. 결혼 전에 우리 집에 와서는 스님이 되겠다는 말도 하셨다. 그러나 곧 인연을 만나 결혼을 했다. 나는 누님에게서 어머니를 빼앗은 것 같은 미안함 내지는 부채 의식 같은 것을 오래 가지고 있었다.

나중에 결혼하여 아들딸 낳고 행복하게 사시는 모습이 보기에 너무 좋았다. 멀리 계시는 부산 누님께는 못 가도 청송에 사시는 누님께는 찾아가 뵈려고 노력한다. 시골에서 농사를 지으며 사느라 예전의 고운 모습은 흔적을 찾을 수 없어 안타깝고 미안하다.

어머니가 낳은 딸 이야기를 했으니 아버지가 낳은 김씨 성을 가진 누님 이야기도 짧게 한다. 어머니가 낳은 딸들보다 연세가 더 많다. 시골 우리 집 가까운 동리에서 살고 계신다. 그러나 누님의 존재를 상당히 늦게 알게 되었다.

어느 날 초등학교에 가는데 예비군복을 입은 사람이 자전거 뒤에 타라고 해서 탔다. 그분이 나에게 처남이라는 말을 했다. 그때 처음 누님의 존재를 알게 되었다. 내가 태어나기 전에 시집을 갔고, 부모님이 말씀을 안 해 주셔서 몰랐다. 말이 없던 아버지와는 대화가 거의 없었고, 어머니는 당신이 낳은 딸이 아니라서 쉽게 말하지 않은 듯하다. 누님은 바쁜 시집살이로 친정 나들이도 쉽지 않았다. 이웃한 동리에 살고 있으니 내가 잠이 든 밤에 자주 다녀가셨다.

누님의 존재를 확실히 알고부터는 누님댁에 자주 찾아가서 놀았다. 가까이에 살고 있어도 누님과 내가 속 깊은 이야기는 거의 못하고 지냈다. 그러던 어느 날 울산에 계시는 사촌 형님댁에 같이 갈 일이 생겼다. 내 차를 타고 울산으로 가면서 누님과 많은 이야기를 나누었다. 내가 태어나기 전의 아버지와 누님의 역사를 알게 되었다.

지금은 세월의 무게로 이가 탈이 나고 무릎 관절에 이상이 와서 힘든 시간을 보내고 계신다. 그렇지만 젊은 시절에는 상당한 미인이었다. 시골 인근에서 그만한 미인을 찾을 수 없을 정도로 예뻤다.

내가 태어나 보니 누님들이 계셨고, 그 누님들의 사랑을 느끼며 어린 시절을 보냈다. 아버지가 다르고 어머니가 달라도 내게는 소중한 누님들이다. 어리고 외롭던 나에게 힘이 되어 준 누님들이다. 건강하게 오래오래 사시길 기도해 본다.

이야기가 곁길로 많이 갔다. 부산 누님 전화를 받고 부산에 내려갔다. 소개받아 간 곳은 국제시장에서 가전제품을 판매하는 가게였다. 그런데 하루 동안 있어 보니 무인도에 온 느낌이 들었다. 손님이 많이 있는 것도 아니고, 그렇다고 오는 손님들이 모두 제품을 사서 가는 것도 아니었다. 서울에서 생활할 때는 그래도 동료들이 있었다. 여기는 혼자서 가게를 지킨다고 생각하니 외롭고 서러워졌다. 갑자기 눈물이 흘렀다.

다음 날 누님에게 못하겠다고 말씀드리고 안동으로 올라왔다. 안동에 돌아와 며칠을 놀면서 지냈다. 어머니는 아랫집 고모부가 운영하는 작은 섬유 공장에 내 취업을 부탁했다. 마침 한 사람이 필요하다고 해서 가기로 했다. 며칠 후에 이미 그곳에서 일하고 있던 동네 선배가 나를 데리러 왔다. 그 선배가 안동에 볼일이 있어 내려왔고 내려온 김에 같이 가게 되었다.

안동역에서 선배가 밤 열차표 두 장을 끊었다. 시간이 되어 열차에 몸을 실었고 열차는 청량리로 달리기 시작했다. 내 기차 요금을 주어야 하는데 부끄러워서 말을 못 꺼냈다. 그 선배도 나처럼 말이 전혀 없는 성향을 갖고 있었다. 나는 기차 요금을 주어야 한다는 생각은 하면서도 말을 못 했다. 두 사람의 성향이 너무 같아서 생긴 현상이 아니었을까 한다. 그 선배는 나에게 달라는 말을 못 했고, 나는 드려야 한다는 생각만 하고 못 드린 것 같다.

아니면 처음부터 선배가 내 기차표를 끊어 주기로 마음먹었을 수도 있지 않았을까?

공장은 성동구 도선동 왕십리종합시장 3층에 있었다. 1층은 시장이었고, 2층과 3층에는 칸칸이 작은 공장이 입주해 있었다. 옷감 짜는 공장, 옷 만드는 집, 이불 만드는 곳이 모여 있는 아파트형 공장이었다. 내가 일할 곳에는 기계 몇 대에 레이스(lace)를 주로 짜고 있었다. 그렇게 시작한 섬유 공장 일은 내가 신앙생활을 시작하면서 완전히 청산하고 안동으로 내려올 때까지 했다.

처음 선배를 따라 타고 온 기차 요금을 선뜻 드리지 못한 일 때문에 바보처럼 오랜 세월 동안 마음고생을 했다. 솔직히 아직도 마음의 빚으로 편하지 않다. 그 형을 볼 수 있다면 제대로 된 식사라도 대접하고 싶다. 고향 마을에 있던 그 선배네 집이 없어진 지 오래다. 집이 없으니 그 선배는 고향에 올 일이 없어졌고 소식도 끊어졌다.

3. 사춘기가 시작되다

열일곱 살이 되는 해, 설에 친구 집에 놀러 갔다. 그곳에서 만난 여자 동창생이 너무 예쁘게 보였다. 객지생활을 하면서 몰라보게 예뻐져 있었다. 예쁘기도 하지만 도시 물을 먹어 세련된 모습에 마음을 더 빼앗졌다. 그 시절 시골의 촌 때가 흐르던 아이들과는 완전히 달랐다. 내 사춘기는 그렇게 시작되었다.

남자들은 어머니를 롤모델로 해서 이성관을 정립한다는데 나는 그렇지 못했다. 어머니의 히스테릭한 성향에 제대로 된 이성관을 정립하지 못한 것이다. 그러던 차에 예쁘고 세련된 이성이 내 마음을 열고 들어왔다. 어쩌면 세상 남자들의 마음이 같을 수 있지만, 그때부터 나의 이성에 대한 기준은 예쁘고 세련된 사람이 되고 말았다.

첫사랑이 내 가슴을 밀고 들어온 순간부터 내 삶은 더 외롭고 더 어두워지기 시작했다. 자신의 처지는 아랑곳하지 않고 예쁘고 세련된 여성이 아니면 쳐다보지 않았다. 높은 눈과 반대로 열등감을 품고 있던 가슴은 좋은 사람이 있어도 만나지 못하는 바보가 되었다. 그러니 어쩔 수 없이 혼자 지내는 외로운 시간이 길어질 수밖에 없었다. 남들은 쉽게 만나고 쉽게 사랑하고 쉽게 이별했다. 내면이 복잡한 나는 그 모든 것이 쉽지 않았다.

예쁜 이성이 열어 버린 사춘기 내 가슴으로 사람만 들어온 것이 아니었다. 수만 가지 삶의 의문과 문제가 한꺼번에 가슴으로 밀고 들어왔다. 가난하고, 못 배우고, 직업도 변변하지 않은 내가 앞으로 어떻게 살아갈까 하는 현실적인 문제가 심각했다. 거기에다가 '인간은 왜 살며, 무엇 때문에 사는가'와 같은 철학적인 의문이 나의 괴로움을 더했다.

사춘기와 함께 시작된 방황으로 조금씩 술을 입에 대기 시작했다. 체질적으로 술을 잘 마시지 못한다. 못 마시는 술에 대한 반발 심리로 술을 의도적으로 마시기도 했다. 그러나 술로 인한 고통만 있을 뿐, 술을 마신다고 내 삶의 문제들이 해결되지는 않았다. 많이 마시지도 못했지만 억지로 마신 술 때문에 위가 쓰려올 뿐 술은 전혀 늘지 않았다.

다른 사람들은 술을 마시면 기분이 좋아진다는데, 나는 술을 마시면 기분이 더 우울해졌다. 친구들과 어울려 술을 마실 때면 내 모습은 왜 그렇게 초라하던지 울고 싶은 마음뿐이었다. 세상의 시름을 혼자 짊어진 사람이 되어 한숨을 쉬었고 울었다. 울지 않으리라 다짐했다가 어느 날 갑자기 찾아온 쉽지 않은 사랑 앞에서 어쩔 수 없이 또 울었다.

만남과 헤어짐 앞에 쓰려 오는 마음을 달래기 위해 술을 마시고 취해 잠든 날이 몇 날이던가?

세상살이도 이렇게 힘이 드는데, 겹쳐서 사랑의 열병까지 앓아야 하니 어떻게 살아야 하나?

그때 혜은이라는 인기 가수가 있었다. 그 가수가 불렀던 노래 중에 〈제3 한강교〉라는 노래가 있다. 그 노래 제목으로 영화가 만들어졌다. 그 영화에 보면 사랑하는 사람을 떠나보낸 후, 아픔을 달래기 위해 남자 주인공이 혼자서 폭음을 하는 장면이 나온다. 그렇게 혼자서 많은 술을 마시고 있을 때 한 노신사가 다가와 이렇게 말한다.

"젊은이, 괴로울 때 마시는 술은 괴로움을 더할 뿐이라오."

시간이 흐르면서 그 영화의 내용은 모두 잊었지만, 영화 속 노신사가 했던 그 한마디는 내 기억에 선명하게 남았다. 방황하는 내 영혼을 잡아 준 명대사였다. 삶이 힘들고 어려워 폭음을 하고 싶은 유혹이 밀려올 때마다 그 대사를 생각하면서 참았다. 영화 속 노신사의 그 한마디가 나를 절제시키는 힘으로 작용했다. 더 깊은 방황에 빠지지 않도록 잡아 주었다. 거기에 더하여 이웃 아저씨와 외삼촌의 좋지 않았던 주사 기억이 나 자신을 조심하도록 만들었다.

한가지 감사한 일이 있다. 마을 친구이자 초등학교 동창생인 권옥숙이의 한마디가 추해질 뻔한 나를 바로 잡아 주었다. 초등학교 동창 친구들과 청량리역 앞에 있는 미주상가에서 생맥주를 마시며 어울렸다. 그때 술을 마시면 세상의 모든 근심 걱정은 혼자 덮어쓴 것처럼 슬픈 표정을 짓기 일쑤였다. 물론, 세상살이가 힘들어서 그랬을 수도 있지만 술만 마시면 우울해지는 기분 때문에 생기는 자연스러운 현상이기도 했다.

그날도 못 마시는 술 한 잔에 얼굴이 붉어졌다. 곧 울음을 터뜨릴 것 같은 표정을 짓고 있었나 보다. 그때 권옥숙이가 나에게 말을 건넸다.

"술 먹고 우는 사람들 보기에 좋지 않더라."

친구의 그 말에 정신이 번쩍 드는 기분이었다. 그날 이후로 술이 내 기분을 우울하게 만들어도 억지로라도 표정 관리를 했다. 그렇게 술을 마실 때 마음은 우울해도 아무렇지도 않은 것처럼 밝은 표정을 지었다.

그때 술버릇을 고치지 않았다면 어떻게 되었을까?

남들 보기에 많이 민망하고 추한 이미지로 내가 각인되지 않았을까 하는 생각이 든다. 친구의 소중한 충고 한마디가 더 멋진 내 이미지를 만들어 주었다.

그런데 남들은 술을 마시면 기분이 좋아진다는데 왜 나는 기분이 우울해질까?

나는 현실에서 그렇게 방황하면서도 월급을 받으면 내가 쓸 용돈을 조금만 남기고 대부분 어머니에게 송금했다. 어머니는 내가 보내 드린 그 적은 돈을 열심히 저축하셨다. 아들이 고생해서 보내 준 돈이라고 더 열심히 모으셨다. 그렇게 조금씩 모은 돈이 제법 되었을 때 그 돈으로 밭을 사게 되었다. 나를 중학교에 보내는 것을 포기하면서까지 샀던 논이 있는 골짜기 위쪽에 있는 밭이다. 산이나 다름없는 곳에 있는 밭을 산 것은 나중에 당신들이 묻힐 장소로 쓸 계획까지 갖고 산 것이다.

 그 밭을 사고 어머니는 대단히 만족해하셨다. 당신들이 돌아가시면 묻힐 장소가 없었는데 해결이 되었다. 거기에다가 아들이 열심히 벌어서 보내 준 돈으로 밭을 샀다는 사실에 대견해하셨다. 아들이 보내 준 돈으로 밭을 샀다고 자랑하자 이웃들이 나를 칭찬했다. 어머니는 당신의 아들을 칭찬하는 이웃들의 말에 더 기분이 좋아지셨다.

 그 당시에 이웃에는 부모 속을 썩이는 친구가 몇몇 있었다. 그들과 비교하며 어머니는 나를 너무 자랑스러워하셨다. 하지만 어머니가 나를 자랑스러워하는 것 이상으로 내 가슴에는 어두운 그림자가 드리워지고 있었다. 어머니는 나를 온실 속의 화초처럼 키우셨다. 심하게 표현하면 어머니의 생각과 뜻에 순종하는 하나의 기계 같은 인간을 만들어 놓은 것이다.

 어머니가 만들어 놓은 나와 본래의 내 자아가 서로 충돌하기 시작했다. 그 두 개의 나 사이에서 길을 잃고 방황했다. 어머니가 만들어 놓은 한없이 착하고 나약한 아이는 세상이라는 바다에서 살아가기가 너무 벅차다고 생각했다. 어머니가 만들어 놓은 나와 본래의 내 자아가 충돌할 때면 어머니에 대한 미움으로 갈등했다. 그러면서도 어머니의 한없는 사랑으로 내 중심을 잡았다.

 그 시절 왕십리종합시장 인근에는 양아치들이 많이 있었다. 하루는 그들에게 붙들려 시장 옥상에 올라갔다. 주머니에 있는 돈을 모두 내놓으라고 했다. 없다고 하자 뒤져서 나오면 죽인다고 했다. 겁이 나서 주머니에 있던 돈을 모두 주고 말았다.

다음에 또 돈을 내놓으라고 협박을 했다. 이번에는 버티고 있었다. 그랬더니 주먹으로 때렸다. 많이 맞으며 오랫동안 견디고 서 있었다. 마지막에는 돈을 주고 내려왔다. 다음부터 그들은 나를 괴롭히지 않았지만 나는 그들을 죽이고 싶었다. 힘없는 아이들을 괴롭히며 푼돈이나 뜯는 양아치들이 미웠다. 너 죽고 나 죽자는 극단적인 생각을 하기 시작했다.

어릴 때 왕따를 경험하면서 일찍이 순박하던 내 가슴에 증오를 키웠다. 거기에다가 자신의 처지를 비관하는 열등감까지 겹치면서 살아도 그만 죽어도 그만인 인생이었다. 매일 가슴에 칼을 갈았다. 그럴 때 애타게 나를 부르는 어머니의 음성이 가슴에서 들렸다. 어머니를 생각했고, 어머니의 사랑이 생각났다.

중학 과정을 공부할 때, 비가 억수로 쏟아지던 어느 날이다. 아들이 비를 맞을까봐 왕복 16킬로미터의 먼 길을 걸어서 우산을 갖고 오신 어머니였다. 수업을 마치고 우산도 없이 교문을 나섰다. 그런데 교문 밖에 어머니께서 우산을 들고 서 계셨다. 어머니를 보는 순간 왈칵 눈물을 쏟았다. 비에 젖은 얼굴이라 내 눈물은 잘 못 보았겠지만 나는 그날의 사랑을 잊지 못한다. 그 모습이 부러웠던 친구들은 오랜 시간 그날의 이야기를 내게 했다.

어머니를 위해서라도 내가 잘못되면 안 된다는 생각에 정신이 번쩍 들었다. 그 양아치들을 죽이겠다는 극단적인 생각을 거두어들였다. 그 후 얼마 지나지 않아 나는 그곳을 떠나 다른 곳으로 옮겨 갔다. 세상은 착하지 않은 사람들과 강한 사람들이 살아가는 정글이라는 생각이 들었다. 남을 이용하고, 남을 속이고, 남을 밟는 사람들이 잘 되는 세상처럼 느껴졌다.

마침 그때 나온 민해경과 김현준이 부른 〈내 인생은 나의 것〉이라는 노래가 딱 나를 위해 나온 노래였다. 음치라서 노래는 잘 못 부르지만 내 속에서 이글거리는 반항심을 담아 따라불렀다. 그렇게 노래가 내 고달픈 마음을 위로했고, 슬프고 부정적인 노래 속으로 빠져들기 시작했다.

4. 고마운 친구들

오래전에 크게 인기를 끌었던 〈친구〉라는 영화가 있었다. 재미가 있는 반면에 쉽게 내뱉어지는 저급한 욕과 폭력에 섬뜩한 영화로 기억하고 있다. 영화는 우정에 금이 가는 것으로 끝이 난다. 속편까지 보기는 했지만, 친구는 한 사람이 살아가는 일생에 가족 이상의 영향력을 끼치는 부류이다.

아이가 태어나 어린 시절은 부모 또는 가족이라는 울타리에서 보호받으며 자란다. 그러다가 조금씩 크면서 친구들과 지내는 시간이 많아진다. 부모나 가족보다는 친구들의 말을 더 듣고 따른다. 청소년기에는 내 생각과 마음이 친구들에게서 많은 영향을 받는다. 그래서 상당히 조심스러운 시기이기도 하다. 친구를 잘못 사귀는 바람에 어쩔 수 없이 곁길로 가게 되는 일도 발생할 수 있는 시기이다.

서로가 서로를 세워줄 수 있는 좋은 친구를 얻는다는 것은 재물을 얻는 것보다 귀하다. 삶에 회의를 느끼고 방황하던 젊은 시절 나를 바른 길로 인도해 준 것은 고마운 친구들이다. 그들이 없었다면 나는 이 땅에 없거나 아니면 비참한 삶을 살고 있었을 것이다. 내게 커다란 영향을 준 친구들은 공장생활을 하는 나를 잊지 않고 찾아준 초등학교 동창들이었다.

서울이라는 객지에서 삶의 희망도 없이 하루하루 살아갈 때, 친구들의 권고가 암흑 같던 내 인생에 극적인 전환점을 가져다주었다. 이렇게 행복하게 잘 사는 것은 친구들 덕분이다. 나를 행복의 길로 인도해 준 친구들의 은혜에 항상 고맙게 생각하며 살아가고 있다.

하루하루 공장생활에 지쳐가던 어느 날 고향 친구들에게서 만나자는 연락이 왔다. 서울에서 직장 다니는 친구들과 대학에 다니는 친구들이 반갑게 모였다. 아마 그 모임은 모 대학에서 법학을 전공하고 있던 친구 김인현이 주선을 해서 모인 것으로 기억한다.

그런데 모임에 나가보니 초등학교 때 반장을 했던 친구의 앞니 두 개가 없었다. 왜 그랬느냐고 물었더니 "네가 그랬잖아" 하는 것이었다. 무슨 소리 하느냐고 했더니, 초등학교 때 싸웠던 이야기를 하며 그때 이가 부러졌다고 했다. 어릴 때 의치를 하면 좋지 않아 그냥 지냈다고 했다. 그렇게 심하게 다친 줄도 모르고 지냈다니, 참 많이 미안했다.

초등학교 6학년 때였다. 담임 김원일 선생님께서 반장과 나, 또 다른 한 친구를 포함해 우리 세 명에게 방과 후에 남으라고 하셨다. 수업이 끝나자 담임 선생님은 시험지를 갖고 오셨다. 우리에게 채점하라고 부탁하셨다. 선생님이 건네준 시험지를 모두 채점하고 집으로 오려고 할 때였다. 반장이 갑자기 나를 가로막는 것이었다.

그때 우리 교실은 신축 교사(校舍) 2층에 있었다. 계단을 내려오려고 하는데 반장이 다른 친구와 함께 나를 가로막았다. 조용히 비키라는 말을 했지만 계속해서 길을 막았다. 그렇지 않아도 왕따로 하루하루 불편한 마음으로 지내고 있을 때였다. 어둡던 마음이 갑자기 폭발했다. 나는 반장을 계단 아래로 밀어버렸다. 그 친구는 계단 아래로 넘어졌고, 어디가 어떻게 탈이 났는지 많은 피를 흘렸다.

교무실에 계시던 담임 선생님께 사건이 보고되어 우리는 교무실로 불려갔다. 담임 선생님께서는 개울에 가서 피를 씻고 교실에 가서 꿇어앉아 있으라고 하셨다. 우리는 교실에서 두려운 마음으로 무릎을 꿇고 있었다. 잠시 후에 들어오신 담임 선생님은 우리에게 집으로 돌아가라고 하셨다. 두렵고 떨리는 그 상황에서도 나는 '평소에는 공부를 잘하는 모범생들이라 아무런 체벌 없이 그냥 돌아가라고 하시는 것'이라고 생각하며 돌아왔다.

반장이 어디를 어떻게 다쳤는지도 모르고 초등학교를 졸업했다. 중학교에도 진학하지 못한 나와는 그렇게 멀어졌다. 많은 세월이 흘렀고 나는 서울에서 생활하고 있었다. 초등학교 때의 반장은 서울에 있는 모 대학에서 법학을 전공하고 있었다.

내가 미안해할까 봐 그랬는지, 그다음부터 반장은 의치를 하고 나왔다. 우리는 청량리역 앞에 있는 생맥주 술집에서 청춘을 논하며 젊음을 불태웠다. 그들과 어울릴수록 내 가슴은 점점 더 허전해졌고, 대학을 다니는 그 친구들이 한없이 부러웠다.

어느 날, 대학을 다니는 친구들에게 "공부는 왜 하느냐"라고 물었다. 대답은 "인간답게 살기 위해서"라고 했다.

배우지 못한 나는 그러면 짐승 같은 삶이란 말인가?

내게는 충격적인 대답이었다. 그렇게 풀 수 없는 수수께끼 같은 이야기를 하며 직장을 다니는 친구와 대학을 다니는 친구들이 자주 어울렸다. 우리는 그렇게 만남을 이어 갔고 여전히 생맥주를 마시며 청춘을 이야기했다.

청춘이 괴롭던 나에게 대학을 다니는 친구 김인현이 "현묵아, 너 공부해라, 너는 공부하면 잘할 것 같다"라는 말을 했다. 그 친구가 나를 보고 '공부를 잘할 것 같다'라는 생각을 한 것은 대화에 막힘이 없었기 때문이라 본다. 비록 학교는 못 다녀도 일찍이 신문을 꾸준히 구독하면서 풍부한 상식을 갖추고 있었다.

어쨌든 그 말이 너무 고맙고 좋았다. 그러나 내가 "너무 늦었다"라는 부정적인 말을 하자 초등학교 때 반장이었던 친구 최경일이 "늦었다고 생각할 때가 가장 빠르다"라는 말을 했다. 그 말은 일찍이 나도 들어서 알던 말이지만 친구의 격려에 새 힘을 얻었다. 다시 공장 기숙사에 돌아온 나는 현실이 괴롭고 힘들었음에도 그런 생활을 변화시킬 용기도 의지도 없이 세월만 보냈다. 그러던 어느 날, 무기력한 나를 변화시키고 싶다는 생각이 강하게 들었다.

5. 첫 맞선을 보다

열아홉 살에 맞선을 봤다. 나는 서울에서 객지생활을 했고, 그녀는 부모님과 부산에서 살고 있었다. 서로 멀리서 생활했지만, 안동으로 시집을 온 그녀의 언니가 나를 눈여겨보고 자기 동생과 맺어 주고 싶어 했다. 어머니는 늦게 얻은 아들 장가를 빨리 보내고 싶어 했다. 그런 어머니와 나를 괜찮게 보았던 그녀의 언니의 생각이 서로 맞아떨어지면서 우리는 맞선을 보게 되었다.

내 나이 열아홉, 아직 어머니의 말씀이 두려웠던 나는 거절하지 못하고 그녀와 맞선을 봤다. 그녀가 추석에 안동에 있는 언니 집에 다니러 오는 것처럼 자연스럽게 올라왔다. 추석 다음 날 우리는 약속 시간에 시내에서 만났다. 나는 어머니와 나갔고, 그녀는 언니와 함께 나왔다. 커피를 마시며 간단히 인사를 나눈 후에 어머니와 그녀의 언니가 나갔다.

어디에서 만나 차를 마시고 짧은 데이트를 했는지 지금은 기억이 없다. 다만 아직도 기억에 남아 있는 것은 작은 언덕길을 오를 때 그녀의 손을 잡아 주었다는 사실이다. 그때 처음으로 낯선 여자의 손을 잡아보았다. 부드럽고 설레던 그 순간의 느낌과 기억이 아직도 기억의 한구석에 남아 미소 짓게 한다.

둘 다 열아홉 살로 나이가 같았다. 그녀는 성숙했을지 몰라도 나는 아직도 철없는 아이였다. 거기에다가 사춘기가 시작되면서 시작된 삶의 문제라는 풀리지 않는 숙제로 몇 년째 깊은 고민에 빠져 있던 시기였다. 하지만 어머니와 그녀의 언니를 실망시킬 수 없었다. 또한, 나를 좋아하는 것 같은 그녀를 냉정하게 거절할 수도 없었다.

결단력도 없는 소심함으로 맞선을 본 후에 어정쩡한 관계를 이어 갔다. 서울에서 생활했던 나는 가끔 편지를 써서 그녀에게 보냈다. 지금 생각하면 완전 악필에 잘 쓰지도 못한 편지였다. 그런 편지를 그녀는 오랜 세월 동안 소중하게 보관했다고 한다. 그러면서 편지도 잘 썼다고 말해 주었다.

나는 삶에 대한 복잡한 마음으로 관계를 정리하고 싶었다. 어정쩡한 관계를 이어 가고 있을 때 자연스럽게 관계를 정리할 수 있는 일이 생겼다. 지금 생각해도 너무 감사한 일이다. 발단은 그녀의 언니가 어떤 사람에게 들었던 이야기 때문이었다. 자기 동생과 내가 결혼을 하게 되면 언니가 못 살게 된다고 들었다. 우리 집은 위쪽에 있었고, 언니네 집은 아래쪽에 있었다. 위쪽에 있는 우리가 부를 막아 버린다는 미신을 믿은 것이다. 그 이야기를 듣고부터 언니는 우리의 관계를 끊으려고 했다.

어머니는 그 말을 한 사람에게 저주에 가까운 말을 하며 펄펄 뛰었다. 나는 그 말을 한 사람이 참으로 고마웠다. 살아오면서, 지금까지도 고맙다는 생각이 든다. 만약에 철없이 결혼이라는 것을 했다면 내 인생은 어두운 뒷골목을 헤매고 있었을 것이다. 그녀의 언니는 우리의 맞선을 주선했다가 나중에는 결혼을 막는 악역을 담당하게 되었다. 결과적으로 동생의 가슴에 상처를 남겼다.

기적이라고 불러도 될까?

처음 맞선을 본 여인을 약 30년 만에 보게 되었다. 역사 교육 모임에서 우연히 만나게 되었다. 회원들 간에 소통하는 단체 카톡방이 만들어졌다. 그곳에 눈에 익은 이름이 있었다. 이름을 보는 순간 이상한 느낌이 들었다. 반신반의하면서 혹시 나를 아는 분이냐고 카톡을 보냈다.

안다고 답이 왔다. 어린 나이에 맞선을 봤지만 서로 인연이 닿지 않아 헤어졌던 그녀였다. 삼십 년을 훌쩍 넘긴 어느 날, 운명처럼 연락이 닿았다. 그녀는 오랜 세월 동안 나를 잊지 못했다고 한다.

그 시절 나는 삶에 대한 깊은 고민에 빠져 살다가 교회에 다니기 시작했다. 고향에 내려와서 공부를 다시 시작했다. 신학교를 다니면서 그녀에게는 목사가 되었다는 소식이 전해졌다고 한다. 그 후로는 나를 기억에서 지우기 시작했다고 한다. 그녀는 오랜 세월 동안 나를 못 잊고 지내다가 늦게 안동으로 시집을 왔다. 다행히 안정된 직장을 가진 신랑을 만났고, 아들딸 낳고 평범하게 잘 살았다고 했다.

그렇게 짧은 안부를 나누었지만, 모임이 없어지는 바람에 만나지 못하고 지냈다. 몇 년이 흐른 어느 날에 그녀에게서 카톡이 왔다. 그녀의 카톡에 나는 눈이 번쩍 띄었다. 성경 구절이 쓰여 있었고, 그분을 만나 너무 행복하다고 쓰고 있었다. 나는 그렇게 생각했다.

'그녀가 교회에 다니고 있고, 신앙 체험까지 했구나.'

목사가 되고자 신학 공부까지 했던 나는 그녀가 신앙적으로 변화를 받았다고 생각했다. 그녀를 만나 빨리 그동안의 이야기를 듣고 싶었다.

찻잔을 앞에 두고 신앙생활이 궁금했던 나는 먼저 어느 교회에 출석하냐고 물었다. 어느 교회에 조금 나가다가 지금은 안 간다고 했다. 이상하다는 생각이 들었다. 그런데 '보혜사'를 만났고 받았다고 했다. 교회에서 말하는 보혜사란 성령의 다른 이름이다. 성령이 내 안에 함께하시면 내 삶을 보호하고 지켜 주시고 인도해 주시는 분이다. 초등학교밖에 졸업하지 못했던 내가 이렇게 내 삶을 재건축할 수 있었던 것도 성령이 내 안에서 역사하셨기 때문에 가능했다.

조금 더 이야기해 보니 말이 자꾸 이상하게 겉돈다는 느낌이 들었다. 나중에서야 허경영을 말하고 있었다. 나는 직설적으로 "허경영교를 믿고 있구나"하고 말했다. 그러자 그녀 또한 부인하지 않았다. 몇 년 전에 허경영당으로 총선에 출마를 준비했을 만큼 깊숙이 빠져 있었다. 그러면서 나에게 허경영을 보러 가자고 했다. 나는 하던 이야기를 급히 마무리하고 나왔다. 그녀의 전화번호를 차단했고 카톡도 차단했다. 차라리 기억 속에서 아쉽고 그리운 이름으로 남았더라면 더 좋을 뻔했다.

6. 삶과 죽음의 경계

죽음은 깊은 잠을 자는 것과 같다는 생각이 든다. 눈을 뜨고 있으면 살아 있는 것이요, 눈을 감으면 죽음에 이르는 길이라는 생각이다. 깊은 잠을 잔 듯 병원에서 눈을 떴다. 확실한 의식은 아직 없었지만 깊은 잠을 자고 일어난 듯 몸이 개운하다는 느낌이 들었다.

간호사가 내 몸을 흔들며 말했다.

"김현묵 씨, 눈 떠보세요."

눈을 떴더니 환자복이 입혀져 있었다. 비몽사몽 간에 보이는 옷에 '한O병원'으로 프린트되어 있었다. 눈을 감은 채 기어 나오는 목소리로 간호사에게 대답했다. 다시 간호사가 내게 큰소리로 물었다.

"김현묵 씨, 여기가 어딘지 아세요?"

어렴풋이 본 한O병원이라는 글씨에 나오지 않는 목소리로 "한양대병원"이라고 겨우 대답했다.

전에 일했던 첫 공장의 사장님이 암으로 한양대학교병원에 입원해 있을 때 면회 간 적이 있었다. 그래서 한양대학교병원으로 생각한 듯하다. 그 사장님은 위암으로 끝내 돌아가셨다. 평소에 모습은 마른 편이라는 생각이 들었는데, 속으로 암을 키우고 있었던 것 같다. 임종 직전에 갔을 때는 몸이 풍선처럼 부어오른 모습이었다. 그렇게 위암에 걸린 환자의 모습을 보았고, 암이라는 병을 알기 시작했다.

의식이 온전히 돌아오고 보니 한양대학교병원이 아니라 광진구 자양동에 있는 '한라병원'이었다. 지금은 자양동이 서울시 광진구로 되어 있다. 그 당시에는 성동구 자양동이었다. 성동구가 상당히 크다는 이야기를 그때 들었는데 언제부턴가 구역이 분할되었다.

이상한 것은 노원구(구 도봉구) 공릉동에서 의식을 잃은 채로 발견되었는데 어떻게 멀리 남쪽에 있는 병원에 입원했는지 모를 일이다. 그것도 기독교 병원이었다.

정신이 온전히 돌아오자 같이 잠을 잤던 형이 자초지종을 이야기했다. 연탄가스 중독으로 병원에 입원하게 되었다는 것이다. 돌아보니 그런 것 같다. 죽을 뻔했는데 다시 살게 되었다. 머리맡에는 성경 구절이 쓰인 커다란 액자가 걸려 있었다.

성남의 서울비행장이 가까운 세곡동에서 직장생활을 막 시작하고 있을 때다. 공장 위로 비행기 유도등이 설치되어 있어 개발이 제한되는 곳이었다. 그런데 아는 고향 형이 이사하는 데 좀 도와 달라고 했다. 형은 일터가 있는 공릉동 가까이에 방을 얻었다. 우리는 이삿짐을 모두 정리하고 피곤한 몸을 방에 뉘었다. 방에 누우면서 우리는 그런 이야기를 했다.

"이사한 첫날 밤에 연탄가스 중독이 많이 생긴다는데 … ."

새벽 3시쯤에 목이 말라 잠에서 깨어난 형이 물을 마시려고 일어나니 어지럽더라는 것이다. 억지로 몸을 일으켜 물을 마시다 말고 불길한 생각에 내 몸을 흔들었단다. 그런데 나는 완전히 의식을 잃었고 몸이 축 늘어지더라는 것이다. 겁이 덜컥 났고, 정신이 번쩍 들어 119를 불러서 병원으로 후송했다고 한다. 병원 응급실에서 처치를 받고 입원실로 옮겨졌다고 했다.

이 글을 쓰면서도 입원했던 정확한 날짜를 기억하지 못했는데, 예전에 이천교회 학생들과 만들었던 문집에 내가 썼던 글을 발견했다. 그 글에 1983년 12월 4일로 기록이 되어 있었다. 그날 오후 5시에 의식을 되찾게 되었다.

눈을 떠보니 내 머리맡에는 커다란 액자에 성경 구절이 쓰여 있었다.

> 예수께서 가라사대 내가 곧 길이요 진리요 생명이니 나로 말미암지 않고는 아버지께로 올 자가 없느니라(요 14:6).

나를 특별히 편애하셨던 예전의 국어 선생님을 떠올리며 구절을 외웠다. 조금만 더 늦게 깨웠다면 나는 저세상 사람이 되고 말았다. 이럴 때 비신앙인이라도 "하느님이 보우하사"라는 〈애국가〉의 가사를 떠올리지 않을까 생각한다. 정말 덤으로 사는 생명이라는 생각이 든다. 그러나 그때는 삶에 대한 고민으로 고마움을 모르고 지냈다.

병원에서 약 일주일간의 치료를 하고 퇴원했다. 직장에 돌아왔더니 모두가 다행이라며 인사를 건네주었다. 그런데 내 생각인지 몰라도 기억력이 떨어진다는 생각이 들었다. 연탄가스 중독이 되면 뇌에 산소 공급이 부족해져서 머리가 나빠질 수 있다는 신문 기사도 봤다.

며칠을 고민하다가 약국에 찾아갔다. 연탄가스 중독으로 입원했고, 뇌에 좋은 약이 없는지 물었다. 약사는 수입 약을 내놓으며 뇌에 산소와 영양을 공급하는 좋은 약이라고 말했다. 그때 단순히 떨어지는 기억력 때문에 찾아간 것은 아니다. 나는 앞으로 공부해야 한다는 내면의 소리가 있었다. 공부하겠다는 계획도 없었는데 내 마음이 벌써 공부를 하고 싶은 열망을 품고 있었던 것 같다.

"너 공부하면 잘할 수 있겠다"는 친구의 그 말이 내 마음밭에 뿌려져서 촉을 띄울 준비를 하고 있었다. 공부하려면 최소한 이 기억력은 유지해야 한다고 생각했다. 그래서 약사와 상담했고, 비싼 약을 아무 거리낌 없이 샀다. 매일 약을 꼬박꼬박 챙겨 먹었다. 약의 효과인지 심리적인 효과인지 모르지만 내 기억력이 나빠진다는 생각은 들지 않았다.

연탄가스 중독 사건은 가벼운 일이 아니었다. 조금만 늦었다면 죽거나 중증 환자가 될 위험성이 높은 일이었다. 그 위험한 상황에 옆 사람을 깨우고, 깨어난 그 사람 때문에 내가 살아났다. 신이 도왔는지 조상이 도왔는지 알 수는 없다. 다만 내가 이 땅에서 해야 할 소명이 있었기에 생명을 거두어 가지 않은 것 같다. 바쁘게 살아오느라 이 커다란 사건을 오랜 세월 동안 까맣게 잊고 지냈다. 원고를 모두 마무리한 다음에 생각이 나서 마지막으로 급하게 그때의 일을 쓴다.

7. 무너진 삶의 의미

열일곱 살에 시작된 사춘기가 스무 살을 넘기면서도 끝나지 않았다. 시간이 지나면서 삶에 대한 회의가 점점 깊어졌다. 산다는 것도, 일도, 흥미가 없고 마음만 어두워져 갔다. 어린 나이에 하는 객지생활의 외로움까지 겹쳐 모든 것을 부정적으로 보았다. 배우지 못하고 가난한 현실, 상대적 박탈감과 소외로 사람과 세상을 향한 적개심도 생겼다. 마음은 홀로 광야를 걸었고, 어떤 날은 생각의 우물에 빠져 허우적거렸다. 이렇게 사느니 차라리 죽겠노라고 생각했다.

사춘기와 함께 시작된 삶의 의문들, 사람은 왜 살며 어디로 가는 것일까?

책을 읽고 신문을 보면서도 그 문제의 해답을 찾으려 노력했다. 사람들은 생로병사라고 하는 부정적인 의미가 더 많은 세상을 왜 살아가는지 죽기 전에 해답을 찾고 싶었다. 사람들에게도 그 질문을 해 봤다. 그러나 대부분 나를 이상한 놈 취급을 하거나 비웃었다. 어른들은 철이 없다는 말로 내 질문을 가로막았다. 남들은 대수롭지 않은 일이지만 나는 정말 심각하게 고민하는 삶의 문제였다. 왜 사는지에 대한 해답을 찾지 못하면 이렇게 힘든 생명을 유지할 이유와 의미가 없었다.

그렇게 심각하게 삶의 의미를 찾던 어느 날 신문 하단의 광고를 보다가 심장이 멎는 줄 알았다.

사랑은 생명의 꽃이다.

누가 한 말인지 모르지만, 책 광고를 위해 저 구절을 인용하고 있었다. "사랑은 생명의 꽃이다"라는 말을 생각하기 시작했다. 이 땅을 살아가는 모든 사람이 '사랑의 힘'으로 살아가고 있다고 생각했다. 여러 가지를 누리는 사람들이야 자기들 멋에 살아간다고 본다.

그렇지 않은 배우지 못한 사람들, 물질적으로 어렵게 살아가는 사람들, 누리는 것이라고는 아무것도 없는 사람들이 이 땅을 열심히 살아가는 이유는 사랑이 있기 때문이라 생각했다. 부부간의 사랑, 부모와 자식 간의 사랑, 이웃과의 사랑이 사람을 살아가도록 만드는 원동력이자 의미라 생각했다.

산다는 것이 지루하고 무의미하다고 생각했던 부정적인 마음과 생각이 일순간에 사라졌다. 확연히 잡히는 것 없지만 열심히 살아야 할 것 같은 의욕이 일었다.

그렇게 내게 삶의 이유를 알려 준 사랑을 시작하리라!

그런 결심을 한 지 얼마 지나지 않아 정말 사랑하는 한 사람이 생겼다. 내가 온 영혼을 바쳐 사랑했던 사람은 그녀가 처음인 것 같다. 나는 단순히 사랑만을 위해 그녀를 사랑했던 것이 아니었다. 내 존재 가치와 삶의 의미를 함께 실어 사랑했다. 그녀를 사랑하는 것으로 내 인생을 걸었다. 내 삶의 의미였고 전부가 되었다. 그렇게 그녀를 사랑했고 마지막 돌 하나만 놓으면 사랑탑이 완성될 것이라 굳게 믿고 있었다.

우리는 고향으로 내려와 부모님께 인사를 드리고 올라갔다. 그러나 그녀는 초라한 우리 집에 실망했고 떠날 기회를 보고 있었다. 마음에 다른 생각을 품고 있는 그녀와 달리 나는 봄날의 사랑에 취해 정신이 없었다. 매일 꿈속처럼 아름답기만 했다.

행복이라는 향기의 마술에 걸려 있던 어느 날 우리 둘은 꽃동산을 걸었다. 신이 우리의 사랑을 질투했는지 그날의 하루는 무척이나 짧게 느껴졌다. 그녀가 집에 돌아갈 시간이 되었다. 나는 택시를 잡았고, 차에 타려던 그녀는 뒤로 몸을 돌리더니 손을 내밀어 악수를 청했다. 평소에 하지 않던 행동을 하는 그녀의 모습에서 상황을 읽었다. 그렇게 그녀는 나를 떠나가 버렸다.

지독하게 가난하다는 이유로, 직업도 변변하지 않다는 이유로 그녀가 떠난 것이다. 서로 사랑을 시작할 때는 감정에 사로잡혀 시작해도 결혼이라는 현실 앞에서 그녀는 이별을 선택하고 말았다. 말할 수 없는 배신감에 몸을 떨었고 농약을 마셨다.

기숙사 동료들에게 발견되어 가까운 성남병원으로 실려 갔다. 응급실에서 내 사지를 묶고 위세척을 했다. 말할 수 없는 고통이었다. 얼마나 고통스러운지 다음에 또 자살할 일이 생기면 절대로 약은 안 먹겠다고 생각했다.

다음 날 그녀가 어떻게 알았는지 내가 입원해 있는 병실로 찾아왔다. 나를 떠나갔던 미움보다 찾아와 준 고마움에 그녀를 다시 뜨겁게 안았다. 밤이면 양다리를 걸쳤던 남자가 퇴근하여 찾아와 싫은 소리를 해도 나를 대변해 주었다. 그런 그녀가 너무 고마웠다. 그렇게 그녀가 곁에서 간호해 주었다. 정말 죽으려고 했던 것보다는 그녀를 놀라게 하고 싶다는 생각에 조금 마시는 척했을 뿐이었다. 약 중독까지는 아니라서 며칠 만에 퇴원했다.

죽을 만큼 그녀를 사랑하지만, 그녀를 마음에서 정리하기로 했다. 변두리 어느 다방에서 우리는 조용히 마주 앉았다. 병원에 입원해 있는 동안 곁에 있어 주어서 정말 고마웠다고 인사를 건넸다. 그리고는 행복하게 잘 살아야 한다고 말을 전했다.

죽을 만큼 사랑하지만 지금 사랑에 눈이 멀어 훗날에 생길지도 모를 갈등을 만들고 싶지 않았다. 나 이외에 다른 남자가 있었다는 사실이 훗날 갈등으로 발전하는 것을 차단하고 싶었다. 무너진 이상, 무너진 삶의 의미, 무너진 사랑을 과거에 두고 싶었다.

그녀를 다시 떠나보내며 울고 또 울었다. 사랑보다도 '삶의 의미를 잃어버린' 서러움이 더 컸다. 『죽음의 수용소에서』(Man's Search for Meaning)를 쓴 빅터 프랭클(Viktor Frankl)은 로고테라피(Logotherapy)이론에서 다음과 같이 말하고 있다.

> 인간은 자신의 삶에서 어떤 의미를 찾고자 하는 노력을 인간의 원초적 동력으로 본다. 인간은 스스로의 이상과 가치를 위해 살 수 있는 존재이며, 심지어 그것을 위해 죽을 수도 있는 존재이다.

다방에서 그녀와 헤어지고 기숙사에 돌아와 주저앉아서 울었.
얼마나 울었을까?
가방에 몇 벌의 옷가지를 주섬주섬 챙겨 담고는 길을 나섰다. 성남의 서울비행장이 가까운 세곡동에서 청량리역까지 걸어서 가기로 했다. 툭하면 검문하던 그 시절, 경찰은 눈물범벅이 되어 있는 나에게 경례를 하더니 검문을 했다. 서러움이 울컥하고 올라와 눈물로 쏟아졌다.

검문하던 경찰이 이상한 듯 쳐다본다. 검문에 응하고 잠실대교를 향해 걸었다. 차를 타고 건널 때는 그렇게도 짧던 잠실대교가 걸어가는 나에게는 무척이나 길게 느껴졌다. 그 긴 대교를 혼자 울면서 건널 때 몇 번이나 푸른 물에 뛰어들고 싶은 마음을 달래고 또 달랬다.

청량리역까지 걸어가기에는 너무 멀어 잠실대교를 건너서 택시를 탔다. 역에 도착하자마자 안동행 열차표를 끊었다. 저녁 7시 청량리발 안동행 열차였다. 개찰할 시간이 가까워지자 역 대합실에는 사람들로 복잡했다. 내가 탈 안동행 열차는 시간이 아직 여유가 있었다.

서울이 마지막이라 생각하며 뒤돌아섰다. 그런데, 그런데 저만치에서 누군가 서서 이쪽을 바라보고 있었다. 그녀였다. 그녀가 나를 따라 청량리역에 왔다. 그녀의 손에는 커다란 가방이 들려 있었다. 그녀에게 달려갔고, 두 사람은 역대합실 한가운데서 부둥켜 안고 울었다. 열차를 탈 시각이 되어 역대합실에는 사람들이 많았다. 우리 눈에는 그 많은 사람이 보이지 않았다. 그렇게 역대합실 바닥에 주저앉아 한참을 울었다.

청량리역 대합실 바닥에서 얼마를 부둥켜안고 울었을까? 먼저 울음을 그친 그녀가 나를 일으켜 세웠다. 정신을 가다듬고 자리를 잡아 앉자 그녀가 입을 열었다. 나를 따라가면 나만을 위해 열심히 살겠다고 말했다. 그녀와 나란히 앉기 위해 먼저 끊은 차표를 반납하고 새 차표를 끊었다. 개찰 시간이 되어 두 사람은 안동행 열차에 몸을 실었다. 사랑하는 그녀와 함께 나란히 앉아 고향으로 간다. 그녀는 나에게 "고향으로 따라가면 과거를 잊고 자기를 위해 정말 열심히 살겠다"라고 몇 번이나 다시 말을 했다.

그녀가 거짓말 같은 말을 반복하는 짧은 순간에 그녀와 같이 고향으로 가면 안 되겠다고 생각했다.

그녀를 많이 사랑하고 있는데 어떻게 열차에서 내리라는 말을 할 수 있나?

열차가 출발하기 몇 분 동안 가슴과 머리를 쥐어뜯으며 갈등했다. 그 짧은 시간에 수천수만 번의 갈등이 답답한 가슴속을 휘몰아쳤다. 끝내 나는 그녀에게 열차에서 내리라고 했다. 몇 번이나 머뭇거리는 그녀를 떠밀듯이 열차에서 내리게 했다. 하지만 가기 싫어하며 슬픈 눈으로 자꾸 뒤돌아보는 모습에 내 마음은 약해졌고, 그녀를 붙들어 열차에 다시 태웠다.

짧은 침묵이 다시 흐른 후, 안 되겠다고 생각한 나는 그녀에게 다시 내리라고 말하며 고개를 숙였다. 내리는 그녀를 보면 다시 마음이 흔들릴 것 같아 아예 고개를 숙여 바라보지 않았다. 그녀가 내리자 열차는 바로 출발했다.

03

네 인생을
리모델링 하라

1. 잠재 능력을 개발하다

세상을 알아갈수록 사람살이가 녹록하지 않다는 생각이 들었다. 가난하고 못 배우고 가진 것 없는 현실은 나를 더 소극적인 사람으로 만들었다. 미래를 생각하니 앞이 캄캄했다.

어떻게 인생을 살아갈까?

내일이 절망처럼 다가왔다. 절망은 절망을 낳았고, 부정적인 생각은 부정적인 생각을 더 했다. 하고 싶은 것도 할 수 있는 것도 아무것도 없다는 생각이 들었다.

그런데 부정적인 생각이 들면 들수록 그것을 변화시켜 보고 싶은 욕구 또한 가슴에서 강하게 일어났다. 이상한 일이었다. 가난한 환경에 던져졌고, 가난한 환경의 지배를 받는 나는 부정적일 수밖에 없지만 내 내면의 참자아는 "이것이 아니다"라는 목소리를 내고 있었다. 그래서 소극적이고 부정적인 나를 바꾸어 보고 싶다는 막연한 생각을 했다. 신문과 잡지를 보면 혹시나 그런 교육이나 훈련을 하는 곳은 없는지 유심히 살폈다.

어느 날 받아 든 신문에 "당신도 성격 개조로 성공할 수 있다"라는 큰 글씨의 광고를 보게 되었다. 현대잠재능력개발원이 소극적이고 부정적인 성격을 개조할 수 있다고 했다. 전화로 상담을 하니 합숙 훈련에 등록하라고 했다. 등록하고 휴가를 신청했다. 24시간 제품을 생산하는 공장이라 장기 휴가를 얻는 것이 어려웠지만 그때는 마침 불경기라 휴가를 쉽게 받을 수 있었다. 모든 것이 순조로웠다.

1985년 7월 하순에 수안보유스호스텔에서 합숙 훈련이 시작되었다. 약 백이십 명의 적지 않은 인원이 훈련에 참여했다. 도착해서 배정된 방에 짐을 풀고 넓은 강당에 모두 모였다. 간단한 오리엔테이션을 마치자 곧바로 일주일간의 강행군 합숙이 시작되었다.

어떤 상황에도 똑바로 의자에 앉을 것과 큰소리로 노래를 따라 부르라고 했다. 노래는 적극적이고 긍정적인 의미를 담은 가사로 고쳐진 것이었다. 전성일 원장의 강의는 열정적이었다. 가톨릭 신자로 전시몬이라는 세례명을 즐겨 썼다. 가벼운 소아마비를 갖고 있었고 학력은 높지 않은 것 같았다. 다만 많은 독서를 통하여 자신을 개발했고 다수의 책을 출판했다. 그 당시 기업체에 출강하는 인기 강사였다.

아침 9시부터 밤 10시까지 노래와 강의가 이어지는 강행군 훈련이었다. 그렇게 긴 시간 동안 의자에 똑바로 앉아서 강의를 들었고, 큰 목소리로 노래를 따라 부르며 박수를 쳤다. 틈틈이 긍정적인 암시문을 외워야 했다. 최선을 다하는 강의의 주된 내용은 적극적이고 긍정적인 정신을 심는 강의였다.

어느 날의 강의에서 내가 깨어지기 시작했다. 당신들은 그동안 소극적이고 부정적인 것들로 가슴을 가득 채우고 있었다. 그래서 여러분은 사는 것이 힘들고 어려웠다. 여기서 여러분은 긍정적이고 적극적인 생각을 가슴에 가득히 담아가서 성공적인 인생을 살라고 말했다.

그러면서 펌프를 예화로 들었다. 펌프를 사용하다가 그냥 두면 물이 내려가 버린다. 그 물을 다시 퍼 올리기 위해서는 마중물이라는 것이 필요하다. 여기서 외우는 긍정적인 암시문과 적극적인 노래는 우리 가슴에 있는 적극적이고 긍정적인 생각을 퍼 올리는 마중물이 될 것이라고 했다.

그 말에 힘을 얻어 열심히 암시문을 외우고 큰소리로 노래를 따라불렀다. 그렇게 강의를 듣고 훈련을 하는 동안 내 자신이 조금씩 변하고 있었다. 하루는 강의 중에 이런 말을 했다.

"여러분은 나약하지만, 하나님의 힘을 쓸 수 있습니다."

알 수 없는 말이지만 힘이 났고 절대자의 힘을 쓸 수 있을 것 같았다. 일요일이 되자 약간의 자유 시간이 주어졌고 몇몇 사람이 모여서 찬송가를 부르는 것이었다. 그들의 모습이 좋게 보였다.

열심히 훈련한 덕분에 내가 많이 변했다. 대화 중에 남의 시선을 맞추지 못하던 내가 남의 시선을 똑바로 보게 되었다. 기어들어 갈 것 같던 목소리에 힘이 들어가고 또박또박 말을 하기 시작했다. 항상 뒤쪽 구석 자리만 찾던 내가 앞자리에 앉기 시작했다. 신발 뒤축을 꺾어 신으며 힘이 없던 발걸음에 힘이 들어가고 빠르게 걷기 시작했다.

전에는 모든 것에 쉽게 싫증을 내고 쉽게 포기했다. 훈련 후부터는 힘들고 어려워도 끝까지 해 보는 근성이 생겼다. 전에는 어떤 상황에서 안 되는 쪽을 더 많이 생각했다. 훈련받은 후부터는 안 될 때 안 되더라도 가능한 쪽으로 생각하는 노력을 하게 되었다.

교육받고 돌아와서 갖고 있던 노래 테이프는 모두 버렸다. 전에는 항상 우울하고 슬픈 노래를 좋아했다. 교육받은 후에는 그런 부정적인 노래는 멀리했다. 항상 밝고 긍정적인 노래만 들었다. 노래가 사람의 생각과 마음을 많이 지배한다. 긍정적이고 밝은 노래는 사람의 생각과 마음을 밝고 긍정적으로 만든다.

그때부터 책도 가능하면 긍정적인 효과를 기대할 수 있는 자기 개발서를 위주로 읽었다. 몇십 권의 자기 개발서를 꾸준히 읽었다. 아직도 손에 꼽는 책은 노먼 빈센트 필(Norman Vincent Peale) 목사님의 『긍정적 사고방식』(The Power of Positive Thinking)이다. 자기 개발서의 고전이라고 생각한다.

많은 자기 개발서를 읽고 마지막 책장을 덮으면서 하는 생각이 있다. 모든 자기 개발서의 결론은 '인생을 적극적이고 긍정적으로 살라'는 것이다. 절대로 부정적인 생각이나 마음은 가지지 말라고 이야기한다.

그렇다. '일체유심조'(一切唯心造)라는 말도 모든 것은 마음먹기에 달렸다는 말이다. 내 인생은 내가 생각한 결과다. 내가 잘 살겠다고 생각한 사람이 잘살게 된다. 내가 노숙자가 되겠다고 생각한 사람이 노숙자가 된다. 생각이 행동이 되고 행동이 운명을 만드는 것이다. 안 좋은 생각을 하면 안 좋은 생각이 꼬리에 꼬리를 물고 일어난다. 좋은 생각을 하면 좋은 생각이 연속으로 이어진다.

항상 이웃을 부정적으로 보고 부정적으로 말하는 사람이 있다. 습관적으로 남을 비판하는 사람이 있다. 살아오면서 굳어진 성향을 쉽게 바꿀 수는 없다. 아무리 상황이 힘들어도 절대로 부정적인 말과 생각은 하지 말아야 한다. 그늘진 곳에 살아도 의도적으로 항상 햇볕이 비취는 양지를 생각하면서 사는 습관이 필요하다. 해를 등지면 그늘이 보이고 해를 향하면 그늘은 보이지 않는다.

남을 비판하는 말을 쉽게 하는 부정적인 사람들이 있는가 하면 생각 없이 말을 하는 사람들도 참 많다. 앞뒤 상황을 생각해 보지 않고 먼저 독이 든 말을 뱉어 남에게 쉽게 상처를 주는 사람들이 있다.

옛 어른들이 했던 '삼사일언'(三思一言)이라는 말을 무색하게 만드는 낮은 언어 습관과 사고방식은 고쳐야 한다. 남의 입장은 전혀 생각하지 않고 자기가 하고 싶은 말만 해 버리는 배려심이 전혀 없는 가벼운 사람이다. 가벼운 언어 습관이 아닌 사랑이 담긴 말을 하도록 노력해야 한다.

나는 스스로 침묵하는 훈련을 많이 했다. 말을 하다가 다른 사람에 대해 부정적인 말이 나오면 말을 그치고 입을 다물었다. 세월이 흐르면서 남의 부정적인 말은 거의 안 하게 되었다. 대화 중에 이웃을 비판하는 말이 들리면 그냥 미소만 보내고 만다. 적극적으로 호응하기도 민망하기 때문이다.

그런데 이웃에 대해 부정적으로 말하는 사람들의 면면을 보면 잘 된 사람들이 없었다. 남에 대해 부정적으로 말하는 사람들 자신은 더 많은 흠이 있는 경우를 보았다. 이웃에게 하는 부정적인 말이 자신들의 부정적 운명을 만들었다는 생각이 든다. 잠시 스트레스는 풀 수 있겠지만 뱉은 말이 자신의 인성과 운명을 갉아 먹는 해충으로 자란다는 사실은 모른다.

잠재능력개발 후 교회에 다니고 성경을 읽으면서 성경에 나오는 구절을 적극적으로 외웠다. 성경에는 힘이 되는 구절들이 많다. 힘들고 어려울 때마다 좋은 성경 구절을 읽으며 새 힘을 얻었다.

설교를 듣는 것도 긍정적인 마음을 얻는 데 상당히 좋았다. 그 당시 큰 교회에서는 긍정적이고 적극적인 설교를 많이 했다. 따라서 다른 교회들도 그런 비슷한 설교를 많이 하고 있었다. 노래, 책, 성경, 설교 등 모든 것을 통해 긍정적인 생각과 마음을 만들기 위해 노력했다.

거기에다가 지독하게 내성적인 성격에 변화를 주려고 의도적으로 빨간 넥타이를 매고 다녔다. 내향성인 사람들은 튀는 색을 싫어하는 경향이 있다. 촌스러워 보여도 패션에 신경 쓰지 않고 무조건 빨간 넥타이와 빨간색의 옷을 입었다. 지금은 중후한 멋이 있어 검은 정장을 자주 입는다. 그 때는 마음이 어두워 죽음의 색인 검은 색 옷을 자주 입고 다녔다. 마음이 어두우니 자연스럽게 튀지 않는 어두운색에 마음이 더 끌렸고 편했다.

끝으로 사람들이 내 목소리가 좋다고 말한다. 나는 내 목소리가 이상하게 들린다. 사람들이 목소리가 좋다고 말하니까 그런가 보다 하고 생각한다. 내 목소리는 언제부터 어떻게 좋아졌을까 생각해 보았다. 잠재능력개발훈련을 받은 후부터 좋아졌다.

사춘기 전에는 아줌마 목소리라는 말을 많이 들었다. 전화를 받으면 전화를 건 사람이 "아주머니"하고 말하는 경우가 많았다. 변성기를 지나면서 톤이 조금은 굵어졌다고 본다. 결정적으로 좋아진 것은 잠재능력개발 후에 꾸준히 복식 호흡을 했다는 것이다.

그곳에서 '자동 복식 호흡기'를 제공해 주었다. 컵은 없어도 여자들 브래지어 형태와 비슷하다. 가슴 위를 강하게 조여서 호흡이 아래 배로 내려가게 만들어졌다. 두꺼운 옷을 입는 겨울에는 괜찮은데 얇은 옷을 입는 여름에는 괜히 부끄럽기도 했다. 남자가 브래지어를 하고 있다고 오해할까 봐…. 약 일 년을 하고 나니 자연스럽게 복식 호흡이 되었다. 자신감이 생기고 초조하던 마음이 사라졌다. 거기에다가 덤으로 목소리까지 좋아졌다.

아래는 잠재능력개발훈련 때 외웠던 대표적인 암시문이다.

자기 맹세

이 목숨 하나님께 바칩니다.
이 목숨 인류에게 바칩니다.
이 목숨 민족에게 바칩니다.

피를 말리는 안타까운 일이 있어도 실천한다.

뼈를 깎는 어려움이 있어도 약속은 지켜야 한다.

말하고 실천하며 노력하는 사람이 되자.

믿고 실천하는 사람이 되자.

언제나 소망과 희망을 주는 사람이 되자.

언제나 믿음과 신념을 주는 사람이 되자.

협동하여 선을 이룬다.

하늘은 스스로 돕는 자를 돕는다.

지도자는 고난을 이겨야 한다.

지도자는 시험을 이겨야 한다.

지도자는 외로움을 이겨야 한다.

자기는 자기가 만들며 커다란 마음을 갖자.

자기를 이기는 자는 한 도시를 지배함보다 위대하다.

2. 방위 소집 해제

1985년 1월 1일 자로 방위 소집이 해제되었다. '장기 대기자'로 있다가 소집이 해제되었다. 그해에는 내 인생을 극적으로 변화시키는 여러 가지 일이 있었다. 7월 하순에 잠재능력개발훈련을 받았고, 8월에는 3주간의 기본 군사 훈련을 받았다. 무엇보다 신앙생활을 시작하는 기적이 일어났다.

중학교에도 진학하지 못한 열등감에 아무런 의욕도 없이 길고 지루한 사춘기를 보내고 있었다. 그 시절 내가 싫어하는 단어 두 개가 있었다. '생일'과 '행복'이라는 말이다. 가난하고 희망이 없는 세상에 태어난 그 자체가 싫었다. 그러니 생일이 좋을 수 없다. 행복이라는 단어가 싫었던 것은 내 삶 자체가 불행이라고 생각했기 때문이다. 내 생에서 영원히 가닿을 수 없는 신기루 같은 세상이 행복이라는 나라였다. 그 두 단어를 입에 올리는 것이 싫어서 내 입으로 말하는 것을 자제했다.

그렇게 싫어하던 행복이라는 단어는 나중에 신앙으로 변화되면서 좋아하는 단어 중에 하나로 바뀌었다. 그와 함께 무뚝뚝한 경상도 남자가 사랑한다는 말을 부담 없이 쓰는 사람으로 변했다.

어린 나이에 공장생활을 하는 힘든 현실에도 마음속에는 꿈이 있었다. 열심히 돈을 벌면 남들처럼 잘 살 수 있겠다는 생각으로 살았다. 그러나 좁쌀을 아무리 굴리고 모아도 한 되를 채우기도 쉽지 않다는 사실을 인지하기 시작했다. 배운 것 없고, 내일에 대한 희망도, 가진 것도 전혀 없다는 사실에 사춘기의 어둡고 긴 방황이 길어졌다.

세상이 미워졌다. 모두 죽이고 자신도 죽고 싶다는 생각을 자주했다. 모두가 가난하던 그 시절에 젊은 친구들이 승용차를 몰고 다니는 모습을 보면 피가 거꾸로 솟는 듯했다. 군대에 가면 총을 갖고 탈영하리라 생각했다.

1983년 열아홉 살에 징병 검사를 받았다. 안동초등학교에 마련된 징병 검사장에서 팬티만 입고 간단한 신체검사를 받았다. 특별히 기억에 남아있는 두 가지가 있다. 검사관들이 앉아 있는 어느 공간에 들어가 한 줄로 섰더니 팬티를 무릎까지 내리라고 했다. 아마도 남녀의 성별을 확인하는 과정인 것 같았다.

　마지막 판정관 앞에 섰다. 내 신체검사 서류를 확인하던 판정관은 나에게 학력을 물었다. 순간 창피한 생각에 살짝 얼굴이 붉어졌고 머뭇거렸다. 판정관이 재차 내 학력을 물었다. 기어들어 가는 목소리로 초등학교 졸업이라고 말했다. 내 대답이 끝나기 무섭게 방위 소집 판정을 내리는 것이었다. 순간 복잡한 마음이 흘렀다. 현역으로 가지 않는 다행스러움과 군대에 가서 총기를 탈취하고 싶었던 계획이 무산되는 아쉬움이었다.

　그 당시 나는 누구도 부럽지 않을 만큼 건강했다. 준수한 외모에 건강한 신체를 갖고 있었지만 단지 국졸이라는 사실에 국방부도 나를 삼류 인생으로 취급했다. 살아오면서 군대에 못 갔다고 말을 하면 처음에는 안 믿는 사람들이 많았다. 무엇 하나 나무랄 데 없는 신체였기 때문이다. 또한, 국졸이라서 못 갔다는 말도 잘 안 믿으려 했다. 늦게 공부를 더 한 사실을 알지 못하는 사람들이 많아서다.

　징병 검사를 마치고 돌아와 여전히 어둡고 꽉꽉한 삶을 이어 갔다. 그런데 그해가 다 가도록 방위 소집이 되지 않았다. 다음 해 1984년이 되자 현역 판정을 받은 친구들은 모두 입대했다. 방위 소집 대상이었던 친구들도 대부분 소집이 되었다. 그러나 내게는 아무런 연락이 없었다.

　그러다 연말에 가서 '방위 소집 해제' 명령이 떨어졌다. 내심 많이 기뻤다. 서울에서 생활하는데 방위 소집이 되면 식사 문제와 잠자리 문제까지 걱정이었다. 거기에다가 직장생활도 할 수 없는 상황이 생길 수 있기에 불안한 시간이었다.

　8월 한여름에 내곡동 소재 군부대에서 현역 미필자를 대상으로 하는 3주 기본 군사 훈련이 예정되었다. 시장에 가서 싸구려 예비군복 두 벌을 샀다. 한여름에 훈련받으니 땀으로 범벅이 될 것 같아 매일 갈아입기로 했다. 시원한 냉수를 가지고 다닐 물통도 준비했다. 도시락도 싸야 하는데 같은 공장에 있던 여자 친구가 준비해 준다고 했다.

드디어 8월의 뙤약볕 아래에서 3주 군사 훈련이 시작되었다. 함께한 동료들의 면면을 보니 사회에서 사고를 치고 현역 면제를 받은 친구들이 수두룩했다. 가끔 훈련 명령을 거부하는 일도 생겼다. 참으로 난감한 일이 아닐 수 없다. 훈련 중에 M1이라는 무거운 총으로 사격 연습을 했다. 총소리가 그렇게 큰 지 몰랐다. 사격 훈련을 하고 나면 귀가 멍했다.

카빈이라는 가벼운 총으로 사격 연습도 해 봤다. 카빈은 가벼워서 그런가 M1보다 잘 안 맞았다. 정말 총 같던 M16은 분해와 조립 훈련만 했고 실제 사격은 못 했다. 개머리판에 고무가 덧달린 것은 미군 것으로 베트남전에 쓰던 것이 반입되었다고 했다.

한여름 뙤약볕 아래에서 고된 훈련으로 땀을 흘리니 목이 많이 탔다. 산골을 흐르는 개울물이 있었지만 많은 훈련병이 밟고 다녀서 그런가 흙탕물이었다. 그래도 우리는 그 흙탕물까지 마시며 훈련을 했다. 동원예비군훈련을 받던 분들이 지나가면서 우리 같으면 다 탈영한다고 말할 만큼 우리는 열심히 훈련받았다. 기숙사에 돌아와 씻고 저녁을 먹으면 피곤이 심하게 밀려와도 성경을 펴고 읽었다.

훈련으로 땀범벅이 된 옷을 여자 친구가 매일 세탁해 주었다. 물은 보리차를 끓여서 밤새도록 냉장고에 넣어 두었다가 이른 아침에 도시락과 함께 건네주었다. 참으로 지극 정성을 내게 쏟은 친구다. 여자 기숙사의 늙은 호랑이 같은 사감의 타박에도 아랑곳하지 않고 내게 최선을 다해 준 친구다. 동료들의 말할 수 없는 시기와 질투에도 사감의 온갖 욕설과 위협에도 묵묵히 도시락을 챙기고 세탁을 해 주었다. 너무 고맙고 감사한 일이다.

그 친구와 그해 봄에 생전 처음으로 교회에 가 본 적이 있다. 삶이 힘들어 도피처를 찾았다. 그러나 거리가 너무 멀고 쉬기에 바빠 더 이상 그 교회에는 못 갔다. 여름에 '잠재 능력 훈련'을 받고 나와서 열심히 교회에 다니는 내게 그 친구가 말했다.

"오빠는 이제 나를 떠나가겠네. 나보다 교회에 더 열심인 것을 보니."

그 말이 씨가 되었을까. 다음 해 나는 사랑보다 공부가 더 갈급해 고향으로 내려왔다. 그 친구도 고향으로 갔다는 소식을 끝으로 기억에서 멀어졌다. 정말 고맙고 미안하다는 말을 남긴다.

3. 삶의 의미를 다시 찾다

잠재능력개발훈련을 받고 나올 때는 군기가 바짝 들어 있었다. 시간이 지나고 세상에 부대끼기 시작하면 그 마음이 많이 약해질 수 있다. 그 정신을 흐리지 않고 계속 긍정적이고 적극적인 마음을 유지하고 싶어 스스로 교회에 찾아갔다. 직장에서 가까운 강남구 세곡동 소재 한교회였다.

얼마나 군기가 바짝 들어 있었는지 교회에 가서 제일 앞자리에 앉았다. 나중에 알고 보니 장로님들의 자리였다. 얼굴이 화끈거렸지만 태연한 척 다음부터는 조금 뒤에 앉았다.

예배를 훈련처럼 드렸다. 허리를 바짝 세우고 앉았고 찬양은 큰소리로 따라 불렀다. 그렇게 예배를 드리고 나오는 뒷문에 목사님과 장로님들이 서서 일일이 인사를 하며 악수를 청했다. 의례적이거나 지나가는 것처럼 건성으로 인사를 하거나 악수를 하는 것이 아니었다. 허리를 정중히 굽히며 인사를 하시는 인자한 모습의 장로님께서 내 손을 꼭 잡아 주셨다.

그 모습에서 나는 감동했다. 그때 내 자존감은 완전히 바닥을 뒹구는 휴지 조각이었다. 그것도 사람들의 발에 아무렇게나 밟히는 쓸모없는 쓰레기였다. 초등학교밖에 졸업하지 못한 인생 낙오자, 자존감은 바닥이고, 기름때 묻히며 사는 아무도 알아주지 않는 보잘것없는 인간이었다. 그런 나에게 연세 많은 어르신이 정중히 고개 숙여 인사를 해 주시고 손을 따뜻하게 잡아 주셨다. 그 모습에 나도 내 존재감을 느끼기 시작했다.

청년들도 나를 반갑게 환영해 주었다. 청년부 모임에도 나가게 되었다. 청년부를 지도하시던 전도사님을 통하여 내가 정신적으로 다시 태어났다. 전도사님께서 내게 성경을 한번 읽어 보라고 하셨다. 그러면서 인생이 달라질 것이라고 했다. 그렇지 않아도 나를 바꾸기 위해 몸부림치고 있던 차에 밑져도 본전이라는 생각이 들었다.

다음 날부터 성경을 읽기 시작했다. 일이 끝나면 기숙사에서 성경을 열심히 읽었다. 창세기를 읽기 시작하면서부터 깨어지기 시작했다. 일하는 것을 죽는 것만큼이나 싫어했다. '인간은 왜 이렇게 힘들게 일을 하고 살아야 하나, 일을 안 할 수는 없나' 하는 생각을 자주 했다.

그런데 창세기에서 인간의 죄로 말미암아 출산의 고통이 있고, 땀을 흘려야 먹고살 수 있게 되었다는 사실에 무릎을 쳤다. 어차피 죽을 때까지 해야 할 일이라면 조금 더 긍정적이고 밝게 일을 하자고 마음먹었다. 하기 싫은 일을 억지로 했던 마음이 그때부터 편안해지고 일이 즐거워지기 시작했다.

　일을 마치면 성경을 읽으며 매달린 지 두 달 만에 요한계시록까지 다 읽었다. 두 달 만에 성경을 다 읽었다고 말하니 놀라는 사람들이 많았다. 쉽지 않은 일을 해낸 것 같은 뿌듯함이 들었다. 성경을 읽으면서 자갈밭처럼 거칠던 마음이 부드럽게 변했다. 좋은 말씀에 정신적인 지진이 일어나기 시작했다. 거기에다가 기도까지 하면서 거칠고 딱딱하던 내 마음은 토기장이의 손을 기다리는 부드러운 진흙이 되어 갔다.

　그렇게 깨어지기 시작한 마음에 성령이 들어오셨다. 11월 셋째 주, 추수감사주일 저녁에 성령을 받았다. 추수감사주일 저녁에 부서별로 준비한 연극이 있었다. 나도 청년회 일원으로 열심히 연극을 연습해 발표에 참여했다.

　청년들의 연극이 모두 끝나고 교인들을 향해 인사를 하기 위해 돌아섰다. 순간 알 수 없는 불빛이 내 가슴으로 들어왔다. 그날 나는 조명의 불빛이라 생각했다. 그리고 교회에 다닌 지 얼마 되지도 않아 성령도 모를 때였다. 그래서 성령을 받았는지도 몰랐다. 그런데 이상한 기운에 몸을 떨었고 눈에서는 눈물이 쏟아졌다.

　그날 저녁 서울에는 진눈깨비가 내렸다. 내리는 눈과 눈에서 쏟아지는 눈물이 함께 내 지난날의 아픔과 답답했던 가슴을 씻고 있었다. 정신이 맑아지고 마음이 깨끗해지는 느낌이었다. 눈을 맞으며 기숙사로 돌아오는 동안 알 수 없는 기쁨과 뜨거움이 가슴 저 밑바닥에서 용암처럼 꿈틀거리며 올라왔다.

　그날 이후로 세상이 다르게 보이기 시작했다. 매일 무덤덤하게 바라보던 산하가 오묘한 아름다움으로 다가왔다. 불안한 미래와 현실에 한

숨을 자주 쉬었던, 그렇게 어둡던 마음이 환하게 밝아지며 한숨이 사라졌다. 근심 걱정으로 무겁던 마음이 사라지고 평안함이 밀려왔다.

예수라는 진리가 나를 모든 속박에서 자유롭게 만들었다. 자기중심적인 사고에서 다른 사람의 입장도 생각하는 유연한 사고와 열린 마음이 생겼다. 그러니 배려가 무엇인지도 알게 되었다. 사람과 세상을 향해 이글거리던 미움이 사라지고 가슴에 사랑과 기쁨이 솟았다.

하고 싶은 일 하나 없이 사는 대로 살았던 마음에 무엇인가 해 보고 싶다는 열정이 올라왔다. 쉽게 싫증을 내고 포기하던 마음이 변하여 어떤 일을 시작하면 무섭게 몰입하기 시작했다. 남이 시키면 마지못해 하던 수동적인 모습에서 내가 먼저 해 보는 적극적인 마음으로 바뀌었다.

무엇보다 세상을 보는 안목이 확 바뀌었다. 자신의 이익만을 추구하던 좁은 안목에서 세상의 어려운 사람들을 먼저 생각하고 볼 줄 아는 넓은 시야가 열리기 시작했다. 하나님은 한 인간을 향한 사랑이 아니라, 더 넓은 의미의 사랑을 하라고 지난날의 시련을 내게 허락하셨음을 깨달았다. 예전의 내가 아니라 새로운 사람으로 태어났다는 느낌이 들었다. 목사님의 말씀이 더 뜨겁고 확실하게 다가왔다.

어느 날 들었던 설교에서 내 미래를 그리기 시작했다. 그날의 설교는 느헤미야가 무너진 예루살렘 성전을 재건축하는 설교였다. 그 말씀이 내 가슴을 파고들었다. 하나님이 느헤미야에게 예루살렘 성전을 재건축하라는 말씀이 아니라 내 인생을 재건축하라는 말씀으로 들렸다. 그날부터 공부가 하고 싶어졌다. 늦었지만 할 수 있다는 자신감이 충만했다.

직장을 다니면서 공부를 하든지, 아니면 그동안 모아 놓은 돈으로 공부를 하든지 일단 공부를 시작하기로 마음먹었다. 기숙사에서는 할 수 없으니 가까운 성남에 방을 하나 얻기로 했다. 쉬는 날 방을 구하러 성남으로 갔지만, 가슴에는 "아니다"라는 음성이 들렸다. 공부하고 싶다는 생각과 열정이 앞섰기에 작은 음성은 무시하고 말았다. 이상하게 방을 구하는 일이 잘되지 않았다. 그날은 빈손으로 돌아왔다. 그런데 가슴에서 또 다른 음성이 들려왔다. "고향으로 내려가라"라는 음성이었다.

내 생각과 계획은 성남에 방을 얻어 공부하는 것이 맞다. 그런데 가슴에서 들려오는 음성은 고향으로 내려가라고 한다. 며칠을 고민하면서 보냈다. 이상한 일이었다.

내 생각과 다른 내 가슴의 언어는 무엇일까?

나중에 신학 공부를 시작하면서 성령과 가슴의 언어를 이해했다. 이미 내 속에 들어와 있던 성령이 하시는 말씀이었던 것이다.

다음 해 구정 때 공부하러 고향에 내려가기로 마음을 정했다. 무의미한 삶을 어찌하지 못하고 하루하루 괴로움을 삭이던 삶을 과감히 집어 던질 수 있는 용기와 의지가 생겼다. 그렇게 교회에 다니기 시작한 첫 해 크리스마스를 맞이했다. 성남시장에 가서 청년들이 서로 교환할 크리스마스 선물도 샀다. 나는 목도리를 샀다. 내가 샀으면서도 촌스러운 물건이 아닐까 싶어 자신이 없었다. 다행히 선물을 집어 든 자매가 많이 좋아했다. 물론, 추첨을 통해 선물을 가져갔다.

내 생애 가장 행복한 크리스마스를 보냈다. 한창 젊은 시절 외롭던 나는 크리스마스가 참 싫었다. 거리에 울려 퍼지는 캐롤과 현란한 크리스마스 장식은 외롭고 초라한 나를 더 비참하게 만들었다. 사랑과 구원을 주시기 위해 왔다는 예수는 없었고 흥청망청 즐기는 세태만 거리에 가득했다. 남들은 쌍쌍이 나이트클럽으로 여관으로 전전할 때 나는 공장 기숙사에서 외로움과 처절한 싸움을 했다. 그렇게 보내던 내가 올해는 교회의 청년들과 밤새도록 이야기하고 게임을 하면서 보냈다.

4. 공부를 시작하다

1986년 구정에 고향으로 완전히 내려왔다. 살아가는 인생길에서 진로를 한 번 바꾸기가 말처럼 쉽지 않다. 거기에다가 내가 공부를 다시 시작한다면 너무 늦은 나이다. 친구들은 대학생인데 나는 중학 과정부터 공부해야 한다. 공부한다고 해서 미래가 보장되는 것도 아닌 상황이다. 결단을 못하고 우유부단하게 방황하던 삶이었다. 그런 내게 하나님은 손을 내밀어 강하게 잡아 주셨고 이끌어 주셨다.

고향에 와서 남선면 소재지에 있는 교회에 갔다. 명절 분위기 때문에 어수선해서 그런가 낯선 교인이 갔음에도 반겨주는 사람이 아무도 없었다. 서울에서 다녔던 교회의 분위기와 너무 달랐다. 이 교회를 계속 다닐지 말지 고민이 시작되었다. 그러던 차에 옛 스승이신 장삼석 전도사님과 연락이 되었다.

전도사님은 옆 동네에 있는 교회에서 시무하시면서 노회 사무국장 일을 감당하고 계셨다. 그다음 주부터 자연스럽게 이웃 이천교회에 다니기 시작했다. 공부하러 안동에 내려왔다는 말씀을 드리자 대뜸 신학교에 가라고 하셨다. 공부를 어떻게 시작하고 무슨 공부부터 해야 할지에 대한 구체적인 계획도 없이 내려왔다. 다만 고입 검정고시 공부를 해야 한다는 막연한 생각뿐이었다. 그래도 내게 큰 변화를 주신 하나님을 공부해 보고 싶어서 그렇게 하겠노라고 대답했다.

안동교회 김기수 목사님의 추천서를 받아 경안성서신학원에 입학했다. 지금의 안동성소병원 신관 자리에 붉은 벽돌 건물로 지어진 학교가 아담하게 자리하고 있었다. 나중에 학교가 북후면으로 옮겨 가면서 그 자리에는 병원이 들어섰다. 옛 흔적을 찾을 수 없어 조금은 아쉽다.

나처럼 초등학교밖에 졸업을 못한 사람도 이런 신학교에 입학할 수 있는지 의아했다. 나중에 알고 보니 고등학교를 졸업한 사람들은 신학과에, 그 외의 학력인 사람들은 성서과로 입학이 되었다. 모든 수업은 함께하지만 신학과에 입학한 사람들은 신학대학교에 편입학이 가능했다. 나는 나름대로 열심히 공부했다.

시골에서 통학하기에는 교통이 불편했다. 아침 7시에 있는 첫차를 타고 내려왔다. 첫차는 시내로 출근하는 사람들과 등교하는 학생들로 언제나 만원이었다. 종점에 내려서 학교까지 걸어와도 8시가 안 되었다. 9시에 수업이 시작되니 성경을 읽으면서 시간을 보냈다.

공부하면서 아쉬웠던 것은 내가 너무 모르는 상태에서 입학했다는 것이다. 성경에 대해서도 신앙생활에 대해서도 거의 몰랐기 때문에 다른 학생들보다 이해가 늦었다. 조금씩 공부를 하면서 성령에 대해 이해하기 시작했다. 서울 교회에서 추수감사주일 저녁에 받았던 것이 성령이었다는 것을 확신하게 되었다. 그 성령의 강한 역사로 성남에 방을 구하지 못하고 고향 안동에 내려온 것이다.

강의 중에 목사님들께서 가끔 그런 말씀을 하셨다. 한 손에는 성경을 한 손에는 신문을 들고 목회를 해야 한다고 하셨다. 성경은 기본이지만 신문을 들고 하라는 말은 세상을 바로 보고 이해하면서 목회를 해야 한다는 말씀이라 생각한다. 그런데 살아 보니 같은 신문을 보고 방송을 본다고 해도 관점에 따라 세상을 이해하고 보는 눈이 심하게 차이가 났다. 누리는 사람들의 입장에서 세상을 보는 관점과 누리지 못하는 사람들의 입장에서 세상을 보는 관점의 사람들이 있었다.

거기에다가 한 부류가 더 있었다. 철저히 자신의 이익을 추구하는 사람들이었다. 자신에게 이익이 되면 진보와 보수를 가리지 않고 따라다녔다. 모든 사람이 자기 생각과 마음을 따라 살겠지만, 예수님은 약자들을 향한 측은지심으로 그들의 친구가 되어 그들의 아픔을 대변했다는 사실이다. 세상이 풍요로워지는 만큼 교회의 분위기도 많이 세속화되고 말았다.

시간이 지나면서 전도사님은 내게 학생회와 아동부를 맡겼다. 학생회 모임은 토요일 저녁에 있었다. 일요일만 쉬던 시절 세상 사람들 기준으로 생각하면 토요일 밤은 황금 시간이다. 그 시간에 나는 교회에서 중고등학생들을 지도했다. 중고등부 학생들에게 신앙 교육을 하면서 절대로 다른 종교에 대해 비판하지 말라고 가르쳤다.

왜냐하면, 내가 다른 종교에 발길을 먼저 들여놓았다면 그곳에서도 열심히 신앙생활 했을 것이기 때문이다. 다행히 교회에 먼저 찾아왔고 쉽게 적응하며 신앙생활을 시작했을 뿐이다. 조금은 위험한 생각일지 모르지만 다른 종교와 사이비에 빠진 사람들을 이해할 수 있다. 사람들은 주관적인 판단에 따라 살아간다. 그들은 그곳에서 기쁨을 얻으니 그곳이 천국일 수밖에 없다.

5월이 되자 '아카시아 축제'가 열렸다. 축제 기간에는 조별로 성극 공연도 하고 쌍쌍 파티도 했다. 쌍쌍 파티는 짝꿍을 데려와 함께 어울리는 시간이었다. 첫해에는 선배님에게서 소개를 받아 짝을 이루었고, 다음 해에는 아는 친구와 어울렸다. 그때 내 파트너가 되어 주었던 분들은 어디에서 살고 있는지 궁금하다.

여름이 되면 여름성경학교 지도자 강습회에 참여하는 것으로 시작해 교회 수련회로 여름이 다 지나간다. 여름에 제일 바쁜 신앙생활을 하면서 내 인생에서 등산과 캠핑이 완전히 멀어지고 말았다. 서울에 있을 때는 설악산 대청봉에까지 올랐다. 올라가는 설악산이 너무 아름답고 좋았다. 다시 오리라는 말을 하고는 아직도 못 가고 있다.

2학년이던 1987년 초여름은 민주화운동으로 뜨거웠다. 6.29선언이 나오고 세상은 평온을 찾아갔다. 여름이 되자 교회는 여름성경학교에 신앙수련회가 이어졌다. 분주한 여름을 보내고 가을 학기가 시작되었다. 영어 교양 과목을 안동교회 부목사님 사모님께서 가르쳤다. 영어에 흥미를 느끼기 시작했다. 영어 교재를 구해 영어 공부에 몰입하기 시작했다.

공부는 하고 있어도 너무 늦은 나이라 가끔 미래가 불안하게 다가왔다. 그럴 때면 빌립보서 4장 6-7절을 미친 듯이 외웠다. 시골집 낡은 벽에 크게 써 붙여 놓고 마음이 불안할 때마다 쳐다보며 읽었다.

아무것도 염려하지 말고 다만 모든 일에 기도와 간구로, 너희 구할 것을 감사함으로 하나님께 아뢰라. 그리하면 모든 지각에 뛰어난 하나님의 평강이 그리스도 예수 안에서 너희 마음과 생각을 지키시리라(빌 4:6-7).

5. 내 생애 최고의 순간

　삶은 기쁨이라는 날줄과 슬픔이라는 씨줄로 짜인 것이다. 아무리 행복한 사람이라 해도 근심거리 한두 개는 있고, 반대로 말할 수 없는 고통 속을 방황하는 사람이라 할지라도 기뻤던 기억 한두 개는 가지고 있다고 본다. 행복하다고 생각하는 사람은 기쁘고 평안한 삶이 길 것이요, 불행하다고 생각하는 사람은 근심과 슬픔이 길고 지루하게 이어진다고 생각할 것이다.

　그런데 비슷한 상황에서도 느낌과 생각을 달리하는 사람들이 있다. 어떤 현실을 받아들이는 그들의 마음과 생각이 행과 불행을 결정하는 것을 본다. 긍정적인 사고의 사람은 좋은 방향으로, 부정적인 사고의 사람은 항상 나쁜 쪽으로 생각하고 말하는 경우가 많다. 그런 것으로 봤을 때 행복과 불행은 그 사람의 마음밭이 어떤가에 따라 차이가 날 수밖에 없다.

　전체적인 우리의 인생이 행복이라고 생각할 수도 있고 불행이라고 생각할 수도 있다. 그런 인생 속에 정말 기뻤던 순간, 가슴이 벅찼던 희열의 순간 한두 개는 있으리라 생각한다.

　인생 속에 있었던 기쁨 가운데에서 언제, 무슨 일이 가장 기뻤을까?

　각자 나름의 기쁨은 있었을 것이다. 어떤 여성분은 결혼식 날을, 어떤 분은 첫아이를 낳았던 날을 꼽는 것을 보았다. 남자들은 큰 시험에 합격했거나 원하는 곳에 취업했을 때로 꼽는 경우가 많았다.

　남들은 조금 거창한 것에 기쁨을 누렸지만 나는 작은 것에 큰 기쁨을 느꼈다. 나는 중학교 졸업 자격 검정고시에 합격한 순간이 내 인생 최고의 날이라고 꼽는다. 그날 나는 가장 가슴 벅찬 희열을 만끽했다. 물론,

신앙적으로 성령을 받았던 날이 있기는 하다. 그날은 눈에 보이지 않는 정신적 혁명의 날이다. 고입 검정고시에 합격한 날은 현실적인 기쁨을 얻은 날이다.

근래에 편법으로 진학한 사람들, 엉터리 학위를 받은 사람들이 입에 오르내렸다. 가진 돈과 권력을 이용해 편법으로 입학도 하고, 편법으로 졸업도 하는 저들을 보면서 씁쓸한 생각을 지울 수 없다. 저들은 힘으로, 돈으로, 인맥으로 그 모든 것을 쉽게 취할 수 있었다. 나는 기껏 중학교 졸업 자격이 없어 젊은 시절을 절망하며 보냈다.

친구들은 멋진 교복을 입고, 교련복을 입고 다닐 때 나 혼자 사복을 입고 다녀야 했다. 하루에 몇 번밖에 다니지 않는 시골 버스에 올라타면 친구들은 모두 교복을 입고 있었다. 나 혼자만 사복을 입고 있을 때, 그때의 쓰리고 아픈 가슴과 열등감은 천 길 낭떠러지로 떨어지는 비참한 기분이었다.

늦게 정신을 차리고 공부를 하고 싶었지만, 야간 고등학교에라도 가고 싶어도 중학교 졸업 자격이 없어 아무것도 할 수 없었다. 날고 싶은데, 온몸이 쇠사슬에 칭칭 감긴 것 같은 처지에 좌절하며 살았다. 그물에 걸려 움직이면 움직일수록 옥죄여 오는 그물에 몰골이 이상해지는 한 마리 새였다. 사람 손에 잡혀 죽기 전에 스스로 미쳐버릴 것 같은 심리 상태가 되었다. 그럴 때 하나님을 만났다. 고향으로 내려와 공부를 시작했다.

비록 얼떨결에 시작한 공부였지만, 1987년 신학교 2학년 가을 학기에 영어 교재를 구해서 열심히 공부했다. 그 영어 교재는 누님의 아들, 생질이 쓰던 것이다. 누님댁에 가서 보니 책꽂이에 중학교 영어 문법책이 있었다. 내가 필요하다고 하니 생질이 자신은 필요 없으니 가져가라고 했다. 학교에서 돌아오면 열심히 단어를 외웠다. 주일이면 교회에서 봉사로 하루를 보냈다. 고입 검정고시를 목표로 하기는 했어도 영어와 수학은 완전히 백지상태라서 확실한 목표를 세우지 못했다.

그러나 영어만큼은 해 보기로 마음먹고 열심히 했다. 처음에는 단어도 문법도 모르니 미친 듯이 단어부터 외웠다. 요즘은 보기도 힘든 8절지 시험지를 묶음으로 사서 연습장을 만들어 단어를 쓰면서 외웠다. 두 번째 책을 볼 때는 문법을 대충 공부하면서 단어를 외웠다. 세 번째 볼 때는 문법 위주로 공부하면서 단어를 외웠다. 그렇게 세 번을 보니 영어가 보이기 시작했다. 자신감이 붙었고, 수학 공부에 도전했다.

지금은 과목 점수가 아무리 낮아도 평균 60점 이상이면 검정고시 합격증서를 준다. 내가 공부하던 시절에는 과목당 40점 이하를 맞으면 과목낙제가 있었다. 그래서 평균 60점이 넘어도 합격증을 주지 않았다. 과목낙제만 면하자고 목표를 세우고 공부했다. 그렇게 3개월을 하니 수학이 풀리기 시작했다. 국어를 비롯한 다른 과목은 자신 있었고 욕심을 내어 만점에 도전했다. 해를 넘긴 2월에 신학교를 졸업했다.

드디어 이듬해 1988년 4월 10일, 안동농림고등학교(현 한국생명과학고등학교)에서 고입 검정고시를 쳤다. 남들은 대학을 졸업할 나이인 스물네 살에 나는 중학교 졸업 자격시험을 친 것이다. 시험 감독관이 앞뒤에서 지켜보는 긴장감 속에서 시험을 쳤다. 시험을 잘 쳤다는 생각은 들어도 발표 날까지 긴장감은 계속 이어졌다.

그렇게 한 달이 지난 5월 10일, 합격자 발표를 보러 안동농림고등학교에 달려갔다. 합격자 명단에서 수험 번호와 내 이름을 발견하는 순간 나는 포효에 가까운 소리를 질렀다.

할렐루야!!

오랜 세월 동안 나를 칭칭 감고 있던 쇠사슬이 불에 탄 삼줄처럼 끊어지는 순간이었다. 이제는 자유롭게 저 창공으로 마음껏 날아오를 수 있게 되었다.

불끈 쥔 주먹, 눈에 흐르는 기쁨의 눈물, 탁 트이는 가슴, 이 기쁨을 어찌 표현할까!

그렇게 원이었던 고등학교에 진학할 수 있는 길이 열리게 되었고 공부를 마음껏 할 수 있게 되었다. 합격을 확인한 나는 안동고등학교에 바로 달려갔다. 방송통신고등학교에 입학할 수 있는지 알아보려고 갔다. 그러나 3월에 입학이 종료되어 지금은 안 된다고 했다. 내 가슴에 공부하고 싶은 열정이 가득했다는 말이다.

다음 해 입학 때까지 기다려야 했다. 하릴없이 기다릴 수 없어 가까운 농공 단지에 있는 모 회사에 입사했다. 그런데 하필이면 불단을 만드는 회사였다. 전량 일본으로 수출하는 회사였다. 마음은 불편해도 시골 고향 집에서 가까워 일을 시작했다.

6. 토마토 한 개

시골 우리 집 마당은 작은 마당임에도 불구하고 세 구역으로 분할되는 수난을 당하고 있다. 내가 관리하는 꽃밭 구역과 내 승용차를 주차하는 주차 구역, 그리고 어머니가 관리하며 온갖 채소를 심는 텃밭 구역이다.

바쁜 생활에 쫓기고 있다는 핑계로 꽃밭을 잘 가꾸지 못해 꽃나무 사이로 잡초가 무성하게 자라고 있다. 꽃밭은 주인을 잘못 만난 서러움을 당하고 있다. 제대로 가꾸지 않아 꽃밭이라고 부르기에도 부끄러운 내 꽃밭에는 사시사철 푸른 키 작은 향나무가 있다. 그 향나무는 회색의 어두운 겨울에도 푸른 모습으로 지친 일상을 위로해 준다.

이른 봄 제일 먼저 꽃망울을 터뜨리는 목단을 시작으로 화려하지는 않지만 여러 종류의 꽃이 늘 피어 있다. 지금은 한철이 지나 간혹 보이는 접시꽃 사이로 힘겹게 피고 지는 장미꽃이 현재를 말하고 있다. 가을이 되면 내가 무척이나 좋아하는 코스모스가 내 작은 꽃밭을 가득히 메운다.

나는 내 꽃밭에 심어진 꽃을 기도하는 마음으로 바라보며 가꾼다. 매일 아침이면 꽃밭에 피어 있는 내 작은 꽃들을 바라보면서 기도한다. 사람들은 각자 나름의 욕심을 쫓아 정신없이 달려간다. 그렇게 달려가는 세상에서 받는 크고 작은 스트레스는 마음을 많이 흐리게 만든다. 흐려지고 있는 내 마음을 저 꽃처럼 아름답게 만들어 달라고 주문처럼 외운다. 그렇게 세속에 물들려 하는 때를 씻어 내는 어리석은 몸짓으로 하루를 시작한다.

내가 마당 한쪽에 꽃을 심고 가꾸며 위로를 받듯, 그 좁은 마당 오른쪽에 어머니께서도 한 자리 차지하고 온갖 채소를 심고 가꾸고 계신다. 작년부터 뒷밭 농사를 포기하셨다. 그 후부터 마당에 만들어 놓은 작은 텃밭에 몇 포기 되지도 않는 쑥갓, 파, 고추 등등의 채소를 가꾸며 애정을 쏟으신다.

내 꽃밭에 있는 키 작은 향나무가 겨울을 지키듯 어머니의 텃밭에도 사계절 푸름을 볼 수 있다. 겨울에는 월동추가 추위를 견디며 그 자리를 지키고 있다. 봄부터 겨울까지 나가며 보시고 들어오면서 텃밭을 살피신다. 그렇게 살피신 덕분에 가끔은 싱싱한 채소를 맛보는 재미도 있다. 그렇지만 나는 좁은 마당에 텃밭을 만들고 채소를 심어 놓는 것에 대한 불만이 있었다.

좁은 공간에 그런 것들을 심는다고 신경질을 내는 내 타박에도 어머니는 아이를 기르는 정성 이상으로 텃밭을 가꾸고 계신다. 극심했던 지난 가뭄에 어머니의 텃밭에는 물 한 방울 주지 않으면서 내 꽃밭에는 물을 주는 열성을 어머께서 보시고는 한 말씀 하셨다.

"꽃만 쳐다보면 먹고살 수 있나?"

어머니께서 심어 놓은 채소는 나 몰라라 하면서 내가 심어 놓은 꽃에만 물을 주고 있는 내 양심으로 어머니의 말씀이 가시처럼 파고들었다. 내 꽃밭에 물 주기를 끝내고 돌아서서 어머니의 텃밭에 물을 뿌리며 마음의 가시를 빼어 냈다.

그 텃밭에 이웃에서 얻어 온 토마토 몇 포기를 심으셨다. 가뭄을 견디며 잘 자라 제법 탐스러운 토마토가 달렸다. 그중에서 유일하게 한 개가 먼저 붉은빛을 내며 적당하게 잘 익었다.

어느 날 아침, 어머니는 그 토마토를 따서 내가 자주 다니는 길목에다 두셨다. 어머니께서는 아무런 말씀을 안 하셨지만 나는 직감적으로 내게 주시는 것임을 알 수 있었다. 잘 익은 놈을 따서 당신이 드시기보다 사랑하는 아들에게 먼저 주고 싶어 하신 그 사랑의 마음이 가슴으로 전해졌다. '어머님의 노력과 정성으로 얻어진 것인데 어머님께서 드시어요' 하는 마음으로 나는 어머니가 잘 다니시는 주방에다 갖다 두었다.

늦은 퇴근으로 집에 돌아오면 어머니께서는 벌써 주무시고 계실 때가 많았다. 이른 아침이면 내 출근 시간에 쫓기어 어머니께 다정한 말 한 마디 제대로 건네지 못하고 나오기가 일쑤였다. 그렇게 주방에 놓아둔 토마토는 어머니께서 알아서 드시길 바랐었다. 하지만 어머니의 생각은 이 자식이 퇴근해 오면 먹으라고 그대로 두셨는가 보다. 그렇게 며칠이 흘렀고 토마토는 처음 땄을 때의 생기를 많이 잃어 가고 있었다.

나와 어머니는 서로에게 사랑을 표현하는 방식이 서툴렀다.

조금 더 다정한 말로 다가가 이야기했다면 좋았을 텐데!

어머니 가슴에 사랑은 말로 다 표현할 수 없을 만큼 가득했다. 옛날 어른이라 다정다감한 편이 못 되었고 말씀도 잘 못하셨다. 그런 어머니를 닮은 나 또한 표현력이 부족하다. 무슨 말을 살갑게 한다는 것이 어딘지 모르게 간지러운 느낌이다. 어머니는 무심한 듯 표현이 없는 모습이다. 나는 경상도 남자의 무뚝뚝한 모습을 지니고 있다. 이러니 서로 소통이 힘들 수밖에 없었다. 사랑하는 아들에게 좋은 것을 주고 싶었던 어머니의 마음이 사랑임을 오래오래 기억하며 살고 있다.

어머니께서 안 계시는 지금에야 다정다감하게 표현하며 말할 수 있게 되었다. 그때 더 적극적으로 표현하지 못했던 일이 아쉬움으로 남는다. 어머니는 아들을 사랑하는 희망 하나로 한 많은 삶을 사셨다. 주인 잃은 텃밭은 잔디밭으로 변했다. 오랜 세월이 흘러도 마당에 꽃들은 여전히 피고 지고를 반복하고 있다.

7. 주경야독

　1989년 3월에 안동고등학교 부설 방송통신고등학교에 입학했다. 그 당시 안동고등학교는 지금의 길주중학교 자리에 있었다. 수업은 한 달에 두 번 직접 안동고등학교에 가서 들었다. 일요일에 학교에서 출석 수업을 하니 신앙생활에 긴장이 풀어지는 듯했다. 다행인 것은 학교에 학생 신우회가 조직이 되어 있었다. 점심시간을 이용해 간단한 예배를 드리고 간식을 나누어 먹었다.

　그곳에서 신우회장을 맡아 설교도 하고, 3학년 때는 학급 반장으로 일하기도 했다. 생전 처음 제2 외국어로 독일어도 접해봤다. 물론, 기억하는 것은 아무것도 없다. 있기는 있다. "Ich liebe dich"(사랑합니다).

　학교에 다니는 동안에 내가 다니던 곳에 노사 분규가 발생하여 회사가 폐업했다. 교회 집사님의 소개로 싱크대를 판매하는 영업소에 취업했다. 경북 지역을 관할 하는 도매점이었다. 그 당시에 부엌을 입식으로 개조하는 바람이 불어 영업소는 많은 돈을 벌었다. 여담이지만 그곳에서 3천만 원을 현금으로 들고 은행에 갔던 적도 있다. 내 생애 처음으로 그렇게 큰 현금을 만져 봤다.

　그 이후로는 수표 또는 온라인 송금이 활성화되면서 직접 현금을 만질 기회가 없어졌다. 덤으로 나는 영업소의 차를 출퇴근용으로 갖고 다닐 수 있게 되었다. 나중에 야간 대학을 다닐 때 매우 유용하게 이용했다. 이것도 여호와 이레였다는 생각이 든다.

　고등학교에서 지금 안동문인협회에서 활동하고 계시는 이동백 선생님에게서 국어를 배웠다. 그때까지만 해도 나는 시인은 시만 써서 생계를 유지하는 줄 알았다. 그래서 시인이 교사를 하고 있다는 사실에 깜짝 놀랐다. 참 무지한 사람이었다는 생각이 든다. 나중에 시를 배울 때 지도 선생님께서 말씀하셨다. 시 한 편이 신문에 실리면 오만 원 정도 받는다고 했다.

  3학년 가을 학기부터 나는 대학입시 공부에 올인했다. 6시에 퇴근해 오면 저녁을 먹고 내 방에 들어와 공부를 시작했다. 중간에 화장실 한 번 다녀오고 1시까지 공부했다. 약 6개월을 그렇게 공부에 미쳤다. 정말 후회 없이 실컷 공부했다.

  해를 넘기고 2월에 졸업식이 있었다. 3학년 때 반장을 했다고 졸업식 날 상장과 옥편을 선물로 받았다. 졸업식에서 남들이 상 받는 모습이 그렇게 부러웠는데 나도 소원을 풀었다. 같이 졸업하며 대학에 진학하는 친구는 다섯 손가락 안에 꼽을 정도였다.

  시간이 나면 입시 공부에 최선을 다했다. 그 당시에 시험은 선지원 후시험이었다. 경상북도 안동시에 있는 가톨릭상지대학교 행정학과에 지원했다. 원서를 쓸 때 어느 학과에 진학할까 고민을 했다. 컴퓨터 붐이 일면서 전산학과가 인기 있는 학과였지만 마지막에 행정학과로 원서를 내었다. 시험을 치는 날 긴장 된 표정으로 교실에 들어가 앉았다. 차분하게 기도로 시험을 준비했다.

  "여기까지 인도하신 하나님, 앞으로도 주님께서 인도해 주시옵소서."

  감독관이 다니는 삼엄한 가운데에서도 나에게 답을 알려 달라는 수험생이 있었다. 그냥 외면할 수 없어 알아서 답을 보도록 답지를 책상 가장자리에 두었다. 새벽 1시까지 열심히 공부해서 그런지 시험은 무난하게 쳤다. 시험을 치르고 발표 때까지 긴장의 끈을 놓을 수 없었다.

합격자 발표날 학교에 달려가 게시판을 살폈다. 행정학과를 찾아서 내 이름과 수험 번호를 확인했다. 내 이름이 확실히 있었다.

나도 이제 대학생이 되는구나!

기뻤다. 그러나 바로 기쁨을 표현할 수가 없었다. 같은 동네의 후배가 나랑 같은 과에 시험을 쳤고, 발표를 보러 왔다. 그런데 그 친구는 이름이 없었다. 어떻게 위로의 말을 건넬 수도 없어 슬그머니 돌아오고 말았다.

1992년 3월에 가톨릭상지대학교 행정학과에 입학했다. 비록 2년제 전문 대학이었지만 남들이 서울대학교에 입학하는 것만큼이나 나는 기뻤다. 내 인생에 대학은 없는 줄 알았다. 그런데 이렇게 꿈이 현실로 이루어졌다. 내 학번은 9211108이다. 이 학번을 나는 무엇보다도 소중하게 기억하고 있다. 아마 죽을 때까지 내 기억에 저장될 것이다. 이 글을 쓰고 있는 지금은 대학원까지 졸업했는데도 말이다.

입학하여 강의가 시작된 어느 날 학과 대표를 뽑아야 한다고 했다. 지도 교수님이 성적이 되는 사람을 뽑아야 한다며 몇몇 사람의 이름을 불렀다. 그 속에 내 이름도 있었다. 입학시험을 잘 쳤다는 생각은 하고 있었는데 간접적으로 성적을 확인하는 계기가 되었다.

행정학과에는 법학 과목도 많았다. 헌법과 법학개론을 비롯한 다수의 법학 과목이 있었다. 그때까지만 해도 대학 교재에 한자가 많이 섞여 있었다. 문제는 대학생들 대부분이 한자를 몰랐다. 공무원을 하면서 야간 대학에 진학한 학생들 외에는 모두 한자 때문에 힘들어했다.

나는 이런 날을 예견이나 했을까, 아니면 배움에 목말라서 그랬을까? 서울에서 한자 일일 공부를 했다. 매일 집으로 배달되는 일일 한자 공부 과제물에 열심히 한자를 쓰면서 사자성어를 익혔다. 그 당시 구독하고 있던 신문에도 한자를 많이 썼다. 그렇게 익힌 한자 덕분에 대학 교재를 읽는 데 불편함이 없었다.

교양 과목으로 전산학과에 가서 전산학 강의를 들었다. 그 강의를 들으면서 전산학과에 가지 않은 것에 얼마나 감사했는지 모른다. 나는 도무지 알 수 없는 전산 부호에 두 손을 들고 말았다.

다른 교양 과목을 경영학과와 합반으로 들을 때 있었던 일이다. 먼저 수업 때 교수님이 "논문 작성 이렇게 하라"는 리포트를 작성해 오라고 하셨다. 그날도 합반으로 많은 학생이 강의실에 앉아 있었다. 그런데 교수님이 갑자기 내게 발표를 시켰다. 잠재능력개발훈련을 받은 후부터 앞자리에 앉는 버릇이 생겼다. 그날도 앞자리에 앉는 바람에 교수님의 눈에 보인 것 같다.

앞으로 나가서 발표를 준비하는데 교수님이 앉아서 하라고 하셨다. 교회에서 학생들을 가르치며 서서 하는 것에 이력이 나 있었다. 의자에 앉아서 하는 것이 오히려 어색하고 부자연스러웠다. 어쨌든 준비해 간 원고를 보면서 나름대로 열심히 발표했다. 학생들의 큰 박수를 받았고 행정학과의 학생으로 그들이 기억하기 시작했다. 거기에다가 늦게 공부하는 대학에서 성적 우수 장학금을 받으면서 자존감이 단단해졌다.

대학을 다니면서 가장 기억에 남는 것은 제주도로 졸업 여행을 간 것이다. 그 이후로도 내 삶이 얼마나 팍팍했는지 다시 가 보지 못하고 있다. 비록 국내선이지만 그때 생전 처음으로 비행기를 탔다.

그곳에서 꿈틀거리는 낙지를 초장에 찍어 먹던 순간은 짜릿한 두려움이었다. 칼로 난도질을 했음에도 꼼지락거리던 낙지는 살려 달라는 아우성으로 들려 처음에는 쉽게 젓가락이 가지 않았다. 절단된 온몸으로 소리치는 낙지의 아우성과 끈질긴 생명력에 〈몬도 카네〉(Mondo Cane)를 연상하면서 젓가락질을 했다. 저렇게 몸부림치는데 혹시라도 먹다가 빨판이 목에 붙어 버리는 것은 아닐까 생각하며 두려움 반 호기심 반으로 먹었다.

제주도에 도착해서 파인애플을 보고 놀랐다. 제주도에 가기 전까지 나는 바나나와 파인애플이 똑같이 커다란 나무에 달리는 줄 알았다. 그런데 가이드가 가리키는 파인애플 농장을 보는 순간 나는 할 말을 잃고 말았다. 큰 나무에 달릴 것으로 생각했는데, 작은 나무도 아닌 화초에 하나씩 달려 있었다. 완전 촌사람이었다. 그날의 신선한 충격은 아직도 강한 여운으로 남아 있다.

대학생활은 참으로 행복한 시간이었다. 매일매일 열정이 샘솟는 듯했다. 교양 체육으로 볼링을 했다. 볼링장에 자주 다녔다. 운동 신경이 둔해서 할 줄 아는 운동이 없었다. 할 줄 아는 운동 하나는 있어야겠다는 생각으로 열심히 볼링장에 다녔다. 볼링을 치는 데 많은 투자를 했다. 돈과 시간을 들이는 만큼 볼링 점수가 나왔다. 평생 할 것 같던 볼링도 직장을 옮기면서 손을 놓고 말았다.

04

가시밭길은
계속되고

1. 죽음, 그 잔인한 단어

　모두 새천년에 대한 희망으로 들떠 있던 이른 봄이었다. 나는 내 인생 최대의 슬픔을 그 봄에 맛보았다. 2000년 3월 20일, 아버지께서 이 세상의 모든 질고를 벗으셨다. 월요일 아침 출근 준비를 하느라 바쁜데 어머니께서 아버지가 돌아가셨다고 말씀하셨다. 급히 아버지 방에 들어가 호흡을 확인하니 호흡이 없었다.

　그때 나는 장애인 시설에 취업하여 일한 지 오래되었다. 집 가까이에 있는 아파트에 장애인들이 생활하고 있었다. 그들의 출퇴근을 돕고 있었다. 그날 아침도 북받쳐 오르는 슬픔을 참으며 그들을 출근시키고 돌아왔다. 어머니와 의논하여 아버지의 장례는 집에서 하기로 했다. 출석하는 교회의 목사님을 모시고 오전에 임종 예배를 드렸다. 그때부터 눈물은 걷잡을 수 없이 쏟아지기 시작했다.

　동생은 결혼하여 딸 둘을 두고 있었다. 큰아빠가 우는 모습이 이상한 듯 어린 질녀들은 초롱초롱한 눈망울로 나를 쳐다보았다. 어린 질녀들의 모습을 보면서 가슴은 더욱 저렸다. 손자도 안겨 드리지 못한 장남의 불효, 이제는 안겨 드리고 싶어도 그럴 수 없는 가슴 아픈 현실이 되어 버렸다. 돌이킬 수 없는 사실에 숨이 턱턱 막히는 울음을 쏟았다.

　그렇게 울어도 입관 예배를 드리기 전까지 마음으로는 아직 아버지의 임종을 인정하지 않고 있었는가 보다. 저녁에 장의사에서 염하는 사람이 와서 염을 했다. 염을 하는 모습을 보지 않으려 했다. 그러나 어머니의 강권에 염하는 모습을 보게 되었다. 염을 하는 그날 그 시간에 나는 서럽도록 울고 울었다.

수의를 입히고 나무토막처럼 매듭을 묶는 모습을 보면서 가슴 저 밑바닥에서부터 북받쳐 오르는 서러움을 가눌 수가 없었다. 정말 아버지께서 돌아가셨구나. 아버지는 정말 그렇게 가셨구나. 이제는 다시 못 올 곳으로 떠나셨구나. 그렇게 영원히 우리 곁을 떠나셨는가 보다. 서럽게 울고 또 울었다.

울고 있었으나 실상은 마음껏 울지 못했다. 가능하면 울지 않으려고 애를 썼다. 염을 하는 사람에게나 입관 예배를 드리기 위해 모인 사람들을 의식해 울음을 억지로 참았다. 하지만 울지 않으려는 내 의지를 넘어 터져 나오는 울음은 소리만 크지 않았을 뿐 눈물과 콧물이 범벅이 되어 쏟아졌다.

아버지는 오십이라는 연세에 나를 낳으셨다. 늦은 나이에 얻으신 천하보다 귀한 아들인 나와 아버지의 관계는 특별한 관계였다. 모든 부모가 자식을 사랑하겠지만 아버지는 나를 끔찍하게 생각해 주셨다. 나를 많이 사랑하고 계신다는 것을 어린 나이에도 느낄 수 있었을 만큼 각별하셨다. 천성이 착하시고 잔정이 많은 분이라서 그런 것도 있겠지만 늦게 얻은 첫 아들이라서 더 사랑스러웠을 것이다.

동네 어른들과 함께 어울려 계시는 곳을 내가 지나갈 때면 아버지는 나를 꼭 불러 세우셨다. 그러시고는 이렇게 말씀하셨다.

"우리 맏상주 봐라!"

사랑하는 아들에 대한 은근한 애정과 자랑이다. 그러면 동네 어른들이 한마디씩 하신다.

"아! 그놈 참 밉게 생겼다."

"음전케 생겼다."

"중동(호)이 맏상주 하나는 잘 봤구나!"

　잘생긴 남자아이를 보고 옛 어른들이 왜 밉게 생겼다고 말하는지 잘 이해하지 못하던 시절이었다. 나에 대한 사랑이 컸던 아버지는 내게 방패가 되어 주시기도 하셨다. 가난한 시골생활이라 어머니는 어린 내게도 무엇이든 일을 시키려고 하셨다. 그런 어머니와는 달리 아버지께서는 내게 일을 시키지 않으셨다. 그러면 아버지는 어머니의 잔소리를 듣기가 일쑤였다.

　한 번은 안동 장날 아버지와 함께 시내에 가게 된다. 이것저것 필요한 물건을 구입했고 마지막으로 밥상을 샀다. 점심시간이 되어 우리는 맛있는 국밥을 먹었다. 그 짧은 기억 하나, 그날 아버지와 함께했던 나들이는 내게는 잊을 수 없는 아름다운 유년의 기억이다. 그와 반대로 어머니를 따라 장에 여러 번 갔지만, 밥 한 번 먹은 기억이 없다. 어머니는 돈이 아까워 굶었다.

　이웃의 길흉사에 다녀오시면 꼭 내게 무엇인가를 전해 주셨다. 아버지의 따뜻한 그 손길이 사랑임을 깨달은 것은 많은 시간과 세월이 지나서였다. 가족이 함께 식사할 때 아버지께서 가끔 어머니에게 반찬을 밀어주시던 모습이 또한 사랑임을 알게 된 것도 많은 세월이 흐른 후였다.

　아버지께서 돌아가시기 전 가을에 약 삼십만 원의 돈을 건네주셨다. 아버지에게 그 돈은 엄청 큰돈이다. 집의 돈 관리는 평생 어머니가 하셨고, 병으로 오랜 세월을 누워 계셨기 때문에 돈이 생길 일이 전혀 없었다. 그래도 그 큰돈을 모아서 내게 주셨다. 아마, 병문안을 오시거나 집에 다녀간 친인척들이 준 돈을 차곡차곡 모았다가 내게 주신 것 같다. 그러면서 하신 말씀이 유언이 되었다.

"나는 이제 다 살았다. 짝지어서 살아라."

죽음이라는 이별 앞에서는, 넉넉하게 웃으시며 못난 아들 바라보시던 평안한 모습을 이제는 더 이상 찾을 수 없다. 사랑스레 부르시던 그 음성도 이제 더 이상 들을 수 없다. 따스한 체온 더 이상 느낄 수 없는 황량하기 그지없는 머나먼 이별의 길을 그렇게 떠나가셨다. 그 길 떠나실 때 언젠가 다시 돌아올 수 있으리라 생각했다.

하나둘 사라져 가는 흔적들, 그 길이 무슨 길이기에 잔인하게도 나에게서 모든 것을 앗아 갔다. 오랜 세월 동안 병석에 누워 계셔도 그렇게 계시는 것만으로도 든든한 언덕이 되었는데, 아버지와 함께했던 아버지와 관련된 모든 것이 남김없이 사라졌다.

아버지의 손때 묻은 물건들, 긴긴 세월 아버지를 따라다니던 이름도 사라졌다. 마지막으로 사람들의 기억에서도 아버지는 사라지고 있었다. 모든 것에서 아버지의 삶이 지워지고 사라진다 해도 내 가슴에 남겨 주신 커다란 사랑은 대를 이어 전하리라 생각했다.

아버지!

그 이름은 당신의 육신을 당신의 일평생을 당신의 생명을 자식에게 모두 주고 떠난 사랑의 이름이었다.

아버지!

당신의 사랑은 샘물처럼 마르지 않고 영원히 내게 주어지는 사랑이라고 생각했다. 아버지의 사랑을 미친 듯이 받아먹고 있을 때, 아버지의 육신도 아버지의 삶도 아버지의 생명도 서서히 사그라들고 있다는 것을 알지 못했다. 그 어리석음을 죽음이라는 이별 앞에서 발견했다. 가슴을 뜯고 눈물을 쏟아도 다시는 아버지의 온기를 느낄 수 없었다. 아버지의 모습을 영원히 볼 수 없는 돌아올 수 없는 먼길을 떠난 후에야 절규했다.

나는 아버지의 사랑을 뜯어먹고 자란 거미였음을 아버지가 떠난 후에야 깨달은 어리석은 아들이었다.

영혼과 가슴이 그리움이라는 즙 틀에 이리 치이고 저리 치어 눈물을 쏟게 만드는 것인가 보다. 그리움은 영혼에 인두질로 고문하며 찾아오는 것인가 보다. 수천수만의 바늘 묶음으로 심장을 밟으며 오는 것인가 보다. 이 땅에서는 더 이상 찾을 수 없는 아버지를 그리는 마음 앞에서는 '그리움'이라는 말이 이렇게 가볍고 허무한 말인 줄 몰랐다. 그립고 보고 싶다는 말에 수백만 톤의 납덩이를 더한 무게라면 아버지를 그리워하고 보고 싶은 마음의 무게랑 비슷해질 수 있을지 모르겠다.

살아가는 중에 처음 맞이한 사랑하는 사람의 죽음, 죽음이라는 것이 이렇게 냉정한 것인 줄 일찍이 몰랐다. 사랑하는 사람의 이름이 호적에서 사라지고, 사랑하는 사람의 유품이 재가 되어 사라지고, 사랑하는 사람의 유산은 누군가의 이름으로 명의가 바뀌는 이 서럽고 끔찍한 일이 있을 것이라고는 생각도 못 했다.

살아서 헤어지면 혹시라도, 우연이라도 만날 기회가 있다. 죽음은 전혀, 죽었다가 깨어나도 만날 기회가 없다는 사실을 배워버린 사랑하는 사람의 죽음이었다. 내 인생에 그렇게 치가 떨리고 냉정한 단어가 있는 줄 일찍 몰랐다. 많은 세월이 흘렀음에도 여전히 가슴이 저린다.

아버지가 돌아가시고 1년 넘도록 우울 증세를 앓았다. 그러나, 이 슬프고 서러운 일에 그냥 주저앉아 아파하고만 있을 수 없었다. 고단한 삶에 스스로 눈물을 닦으며 다시 일어섰다. 울면서 일하고 일하면서 울었다. 사람들은 나를 보고 어디 아프냐고 물었다. 어떤 이는 실연을 당했냐고 물었다.

무심하게 그냥 왜 그러느냐고 묻는 이도 있었다. 자기들끼리 쑥덕거리는 사람들도 있었다. 넋 나간 사람처럼 왜 그렇게 있느냐고 물어오는 사람도 있었다. 무엇을 그렇게 생각하느냐고 묻기도 했다. 아버지를 그리워하고, 그 그리움으로 인한 우울증이라 생각하는 사람은 한 사람도 없었다.

아버지, 문밖에 오셨을 것 같아 황급히 창문을 열어 보지만 텅 빈 마당에는 공허만 서럽도록 뿌옇게 쏟아집니다.

멀리 있는 길 떠나셨기에 이제는 돌아오실 시간이 충분히 되었을 것 같은데 언제쯤 집에 도착하실 수 있나요?
그리움이 파도가 되어 작은 가슴을 덮치더니 눈물로 아프게 부서집니다. 이 못난 아들 그리움을 양손에 들고 오시는 길 밝히고 있겠습니다. 오늘도 어제처럼 목울음 가득히 창문을 엽니다.
아버지, 사랑합니다.

2. 선하게 살지 마세요

장애인들을 위한 자활자립장에서 일한 지 약 5년의 세월이 흘렀다. 지금은 별다른 활동이 없는 '장애인 직업생활 상담원'이라는 제도가 있었다. 2000년 10월 9-20일까지 한국장애인고용촉진공단 고용개발원(분당)에서 교육이 있었다. 우리는 14기로 '장애인 직업생활 상담원 양성 교육'

을 받았다. 장애인을 고용하는 전국 사업체에서 올라온 다양한 사람이 함께 교육받았다.

서울 근교에 사는 사람은 집에서 다니며 교육을 받았다. 지방에서 올라온 사람들은 고용개발원에서 함께 숙식했다. 모두가 초면이라 처음에는 서먹했지만 같은 주제로 교육을 받는 동기라는 사실에 서서히 가까워졌다. 교육을 받은 지 며칠이 지나자 사람들은 서로의 마음을 열고 어울리게 되었다.

나는 처음부터 그리스도인이라는 본분을 염두에 두고 행동했다. 그런 행동이 함께 교육받는 사람들에게 자연스럽게 드러났나 보다. 나를 소개하는 시간에 목사님이라는 말이 자주 나오게 되었다. 부산에서 올라온 과장 직위를 가진 여성분이 나를 부를 때 "목사님!"하고 불렀다. 나는 깜짝 놀라 돌아보면서 아니라고 손사래를 치며 그냥 집사라고 말했다. 그 여과장님은 다음부터 나를 부를 때면 집사님하고 불렀다. 나를 부를 수 있는 적당한 다른 호칭도 없기에 그냥 그대로 두었다.

시간이 흐르면서 사람들은 나를 부를 때 가끔은 농담조로 "목사님"이라고 불렀다. 그러면서 행동이나 말하는 것이 영락없는 목사님이라고 했다. 식사 시간에는 꼭 기도 후에 밥을 먹었고, 대화할 때는 낮은 음성으로 조용히 대화해서 그런가 보다. 거기에다가 교육 중에는 항상 앞자리에 앉아 너스레를 떨었던 것도 영향을 미친 듯하다.

어디를 가나 세상 사람들은 술판을 벌이기를 즐기는가 보다. 조금씩 친해진 후부터는 거의 매일 저녁이면 술판이 벌어졌다. 남녀가 어울리면 자연스럽게 놓이는 것이 술이다. 술을 마시지 못하는 내가 술자리에 어울리는 것은 고역이다. 더욱이 자욱한 담배 연기는 내 생리에는 잘 맞지 않다. 매일 저녁 일상적으로 벌어지는 술자리를 슬그머니 벗어날 때가 많았다. 밖으로 나와 혼자서 텅 빈 강의실에 앉아 컴퓨터로 인터넷 서핑을 하며 시간을 보냈다.

어쩔 수 없이 술자리에 앉아 안주를 죽이고 있던 어느 날이었다. 풍기는 모습이 꼭 운동권에서 놀았을 것 같은 양산에서 올라온 한 젊은이가 있었다. 말 잘하고, 술 잘 마시고, 분위기 맞추어 노래도 제법 하는 친구였다. 그 친구가 내게 대뜸 이런 말을 했다.

"목사님, 너무 선하게만 살지 마세요!"

주위에서 목사님이 아니고 집사님이라고 하자, 형님 모습이 꼭 목사님 같아서 목사님이라고 불렀다는 것이었다. 술 취한 주위의 사람이 끼어드는 바람에 이야기를 더 이어 가지는 못했다. 분명한 것은 술자리에서 한 말이었지만 비아냥거리는 투는 아니었다. 그의 얼굴에는 진지함 같은 것이 흘렀다. 너무 선하게 살면 손해 보는 세상이라는 말투였다.

서로 만난 지 얼마 되지 않은 짧은 기간에 사람들은 내 모습을 읽고 있었다. 사람들에게 내 삶이 읽히고 있다는 사실이 조금은 두려웠다. 나는 평소의 내 방식대로 지냈을 뿐이다. 어쩌면 오랫동안 볼 사람들이 아니기에 더 이기적으로 지냈는지도 모른다. 바르게 살아야 한다는 조금은 엄한 가정 교육을 받으며 자랐던 내가 바라본 사회는 혼란 그 자체였다.

순진한 사람이 나쁜가?

아니면 그런 순진한 사람을 속이는 사람과 세상이 나쁜가?

세상은 순진한 사람을 좋게 이야기하는 것이 아니라 바보처럼 평가하고 있다. 순수함을 나쁘게 보는 것은 세상과 우리의 가치관이 심하게 뒤틀린 결과라고 생각한다. 속고 속이고, 남을 밟아 내가 서는 세상, 선한 사람보다 악한 사람들이 더 잘 되고, 권모술수에 능한 사람이 출세하는 세상이었다. 바르게 살아야 한다는 내가 받아 왔던 교육과는 다른 사회에서 나는 심한 가치관의 혼란을 거듭했다.

그런 세상에 발을 맞추어 살기 위해 자신도 강해져야 한다고 다그쳤다. 그럴수록 마음이 편하지 않았고 점점 정신이 혼란스러워졌다. 냉혹한 현실과 내 자아의 부조화는 노이로제라 부르는 신경 증세로 나타났다. 일례로 나는 몸이 심하게 아파서 병원에 가면 병원에서는 아무런 진단이 나오지 않았다. 의사나 병원을 믿지 못하고 이 병원 저 병원을 찾아다녔다.

거기에다가 손도 조금씩 떨리고 심각한 결벽 증세까지 나타났다. 떨리는 손에 신경이 쓰였고, 손을 씻고 돌아서서 또 씻는 날이 많았다. 차라리 몸이 아픈 것이 낫다. 이런 정신적 증세는 스스로를 구속하는 형벌이다.

그렇게 정신적으로 방황하던 어느 날에 신앙을 가졌다. 바르게 살아야 한다고 받아 왔던 가정 교육과 여리고 순수했던 내 본래의 자아를 신앙 안에서 회복해 갔다. 손해를 보더라도, 남에게 바보라는 소리를 들어도 본래의 나를 따라 살기로 했다. 신경증이 사라지고 몸과 마음이 평안해지고 세상이 평화로워졌다.

3. 첫 해외여행을 가다

직장에서 새천년 가을부터 해외여행을 계획하고 있었다. 성지순례로 로마, 이집트, 이스라엘을 다녀오는 것으로 계획을 잡는다고 했다. 평생 신앙생활을 할 것이라면 한 번 성지에 다녀오는 것도 좋겠다는 생각이 들었다. 농아인교회 교인들과 일터의 직원들이 함께 가는 것으로 추진되고 있었다. 생각보다 비용도 부담이 안 되어 여행에 동참하기로 했다.

여행을 다녀오면 여행기를 쓰고 싶다는 생각이 들었다. 두서없는 낙서는 오래전부터 했다. 그러나 여행기는 제대로 써 보고 싶었다. 그것도 성지순례기 때문에 더 잘 써 보고 싶다는 욕심이 생겼다. 글은 쓰고 싶지만 어떻게 쓰는지 막막해서 글쓰기 교본을 찾았다. 인터넷에 검색해 보니 한승원 님의 『한승원의 글쓰기 교실』이 있었다.

주문하여 읽으며 나름대로 열심히 글쓰기 공부를 했다. 글쓰기에 대한 새로운 사실을 많이 알게 되었다. 여행기는 여정, 견문, 감상이 기본이라는 것도 다시 알게 되었다. 학교 수업에도 기행문을 쓰는 공부가 있는 것으로 기억한다. 하지만 나는 학교 공부를 마친 지 오래되거나 정상적으로 학교 공부를 못 했기 때문에 이것도 잊고 있었다. 글쓰기에 대한 최소한의 기본기를 익히며 지냈다.

12월 하순에 내 인생의 첫 여권을 만들었고 차근차근 여행 준비를 했다. 새해가 되자 모두 여행으로 들뜨기 시작했다. 2001년의 설날은 1월 24일이다. 그래서 여행 계획을 21일부터 29일까지로 잡았다. 모두 서른 명이 여행에 함께했다. 부부들은 한방에 미혼인 나는 농아인 친구와 한방을 썼다.

2001년 1월 21일 13시 서울발 로마행 비행기는 비행기가 아니라 과거, 짧게는 500년 길게는 2000년 전의 세계로 날아가는 타임머신이었다. 실제로 우리는 시차 때문에 8시간이나 더 젊어지는 시간 속으로 떠나는 것이다.

새로운 세계에 대한 설렘을 가슴에 가득히 실은 비행기는 힘차게 푸른 하늘로 날아올랐다. 승용차로 약 4시간이면 더 이상 갈 곳이 없는 땅, 비행기로는 약 1시간이면 더 이상 갈 곳이 없는 나라이다. 내 마음은 좁은 우물을 박차고 나오듯이 그렇게 서울 하늘에 힘껏 비상의 날개를 폈다. 우물 밖에 있는 드넓은 세상을 마음껏 경험하고 싶어서 … .

잠시 후 비행기는 안정적으로 고도를 유지하며 길고도 지루한 비행이 시작되었다. 어느 정도의 시간이 흐르자 처음의 부푼 기대를 안고 탔을 때와는 달리 하나둘씩 잠에 빠졌다. 꿈을 통해 벌써 로마에 가 있는 듯했다. 여행에 대한 설렘과 아침 일찍 안동에서 서울로 출발해야 하는 부담으로 전날 밤잠을 설쳤으리라. 농아인교회 교인을 중심으로 구성된 성지순례단은 그렇게 복음의 자취를 찾아 나섰다.

국제선이 처음인 나는 스튜어디스라는 직업이 그렇게 좋고 화려하지만은 않다는 느낌을 받았다. 초대형 국제선 비행기에 탑승한 수많은 승객을 향한 서비스에 잠시도 서 있을 수 없는 고달픔을 보았다. 로마까지 장장 12시간을 비행하는 동안에 두 번의 식사와 음료수가 주어졌다. 이어서 수많은 승객의 끝없는 요구에 응하며 기내를 웃으며 다니는 밝은 미소 뒤쪽에 숨겨진 피곤함을 보았다.

서울을 떠난 비행기는 사람들이 흔히들 대국이라 부르는 중국의 북경을 지나고 있었다. 내가 비행기에서 내려다본 중국은 대국이 아니었다. 저 북쪽에 있는 구소련의 영토야말로 진정한 대국이었다. 가도 가도 끝없이 흰 눈으로 뒤덮여 있는 동토, 정말 지루하다는 생각이 드는 천지였다.

구소련의 상공을 몇 시간이나 날아갔을까?

기내에 설치된 대형 모니터에서는 가끔 비행 항로를 알려 주고 있어도 아직 우랄산맥을 넘지 못하고 있었다.

대형 모니터에 표시되는 지도에서 우리나라 대한민국을 찾았다. 두 동강 나서 더욱 작게 보이는 땅덩어리에서 안동이라는 점을 찍어 봤다. 작은 점에 불과한 그곳에서 나는 나의 삶을 만들어 가고 있었다. 저렇게 넓은 세상 위의 한 점에 불과한 안동이라는 조그마한 땅, 그 좁은 곳에서 나를 비롯한 우리는 삶을 위해 치열한 싸움을 싸우고 있었다.

나는 잠시 깊은 상념의 여로를 홀로 걸었다. 나는 저곳에서 내 마음과 내 생각만이 옳다는 아집과 독선으로 살아왔는지 모른다. 저 좁은 삶의 테두리에 갇혀서 그것이 전부인 양 살았다. 좁은 안목으로 나와 다른 삶을 살아가는 사람들을 일방적으로 매도하며 살아왔는지 모른다. 내 삶의 방식이 최고이자 전부인 것처럼 우쭐해 하며, 나와는 또 다른 삶을 살아가는 사람들을 향해서는 마음 문을 열지 않았는지 모른다.

좁은 땅덩어리, 우물 속에 갇힌 개구리의 사고방식을 벗어야 한다. 내가 잘난 것처럼 다른 사람도 잘났다. 내 생각이 소중하듯이 다른 사람의 생각도 소중하다. 내게는 내 스타일이 좋듯이 다른 이는 그들 나름의 스타일이 좋은 것이다. 자기 키와 다른 사람이 있으면 자르고 늘였다는 신화 속의 주인공 같은 사고방식에서 벗어나야 한다.

세상에는 나 이외의 수많은 사람이 그들 나름의 소중한 삶을 만들며 살아가고 있다. 다양한 그들의 삶을 긍정적으로 바라볼 줄 아는 유연한 사고와 열린 마음이 필요하다. 다만 내 마음 중심에 어떤 바람에도 흔들리지 않는 믿음을 품은 채 ….

비행기는 우랄산맥을 넘어 유럽의 어느 상공을 지나고 있었다. 이탈리아에 도착해서 저녁을 먹으면서 파스타가 국수 종류라는 것을 처음 알았다. 한국에서는 오로지 라면만 먹었다. 낯선 이름의 파스타를 먹어 보지 못한 부끄러움이 쏟아졌다.

여기에 여행기를 모두 쓰기에는 지면이 부족하다. 다음에 기회가 되면 여행기만 묶은 책을 따로 내고 싶다. 아쉽지만 귀국 이야기로 마무리한다.

베드로감옥을 마지막으로 1월 30일 로마의 일정을 끝으로 우리들의 모든 순례는 막을 내렸다. 저녁을 먹은 우리는 곧장 로마 레오나르도다빈치공항으로 왔고, 밤 10시 비행기로 귀국하는 일만 남았다. 귀국을 준비하는 대한항공 창구 앞 공항 로비에는 우리 일행들뿐이었다. 일행들은 아쉬운 듯 아무도 없는 넓은 공항 로비를 서성이며 소중한 기억을 하나라도 더 간직하기 위해 셔터를 눌렀다.

출국 수속이 끝나고 검색대를 통과해 면세점이 있는 안으로 들어갔다. 시간이 조금 남아 있어 면세점을 구경해도 주머니에는 달랑 1달러 뿐이다. 먼 이국땅에서 주머니에는 1달러밖에 없어 마시고 싶은 커피 한 잔 살 수 없어 멍하게 앉아 시간을 보내야 했다. 이렇게 삭막한 현실이 될 줄 알았다면 추가로 경비를 모을 때 달러를 조금이라도 챙겨 둘 것을 하는 뒤늦은 후회가 들었다(현지 항공사 문제로 여행 일정이 늘어나는 바람에 경비를 추납했다).

밤 10시, 우리를 그토록 들뜨게 했던 성지순례를 끝내야 한다. 아쉬움과 귀국에 대한 기쁨을 동시에 실은 비행기가 날아올랐다. 로마의 밤하늘에 불빛을 미련으로 남기며 동쪽으로 기수를 돌렸다.

다음과 같이 로마에 대한 수식어가 많다.

로마에 가면 로마의 법을 따르라.

로마는 하루아침에 이루어지지 않았다.

모든 길은 로마로 통한다.

로마는 유럽 문명의 고향이다.

내가 직접 본 로마는 이런 수식어를 만들어 내기에 충분했다. 사람들은 듣는 만큼 알고 보는 것만큼만 알게 된다고 생각한다. 나는 이번 성지순례를 통해 많은 것을 얻고 배웠다. 나름대로 만족하고 있던 내 믿음에 새로운 깨달음과 확신을 더해 주었다. 그것에 더하여 조금은 더 넓어진 마음을 얻게 되어 참으로 소중한 여행이 되었다.

이제 귀국하면 성경을 제대로 읽어야겠다는 다짐을 해 본다. 지금까지 성경을 여러 번 읽었어도 제대로 읽지 않았다는 느낌이 들었다. 귀로만 들어 흐릿했던 믿음이었다. 이제는 눈으로 똑똑히 봤던 성경의 현장들을 생각하면서 두렵고 떨리는 마음으로 다시 읽어야 한다. 흔들리지 않는 굳건한 믿음을 이어 가고 전해야 한다.

믿음과 함께 마음과 생각이 자라고 있다. 이집트와 이스라엘, 이탈리아에서 살아가는 다양한 민족을 보고 경험했다. 좁은 우물 속에서 살던 내 마음과 생각이 더 크고 넓은 세계로 날아오르는 변화가 생기고 있다.

하루 종일 달려도 끝없이 펼쳐지는 광활한 사막을 보았다. 비행기를 12시간 이상 타는 드넓은 천지를 바라보았다. 그 넓은 세상을 가슴에 품어 호연지기를 기른다. 각자 적지 않은 비용이 들어도 돈으로 계산할 수 없는 무형의 자산을 한 아름 안고 귀국하고 있다.

한국에서 로마로 출국할 때는 너무 지루해 비행기에서 적응하는 것이 무척 힘들었다. 로마에서 한국으로 귀국하는 비행기에서는 쉽게 적응이 되었다. 출국할 때는 시차 때문에 계속 낮이었다. 귀국할 때는 비행기가 밤에 이륙해서 계속 잠을 자고 일어나니 벌써 한국에 도착하고 있었다.

한국 시간으로 1월 31일 수요일 오후 4시 30분이 되고 있었다. 한국 말을 할 수 있으니 살 것 같다는 어느 분의 말에 정말 한국으로 돌아왔다는 실감이 났다. 조금은 싱겁게 세관을 통과했고, 대기하고 있던 버스에 올라 안동으로 출발했다.

안동으로 오는 길에도 사막은 계속 이어지고 있었다. 누런 황토색의 사막이 아니라 귀국하는 우리를 축복하기 위해 하늘에서 내려 주는 새하얀 사막이었다. 눈 때문에 늦어져 안동에는 밤 11시가 넘어 도착했다. 10박 11일(1월 21일-1월 31일)간의 꿈같은 성지순례에서 현실로 돌아왔다.

4. 주식으로 돈을 날리고

다니던 직장에서 퇴사했다. 퇴사할 때쯤에 내 수중에는 약 1억의 현금이 있었다. 갈등도 있었고 그 돈을 믿고 쉽게 퇴사를 결정했던 마음도 없지 않아 있었다. 퇴사하기 전해에 어머니께서 밭을 파셨다. 동생에게 일정액을 떼어 주고 남은 돈과 내가 조금씩 모아 두었던 돈이다.

밭은 내 고향 마을로 들어가는 도로변에 자리하고 있다. 도로변이라 위치도 좋고 넓고 반듯한 것이 보기에도 탐이 나는 밭이다. 그 밭은 앞에서도 언급했지만, 작은외삼촌의 도움으로 산 것이었다. 가난한 누나를 돕기 위해 작은외삼촌께서 작정하고 매입한 밭이었다. 외삼촌과 어머니가 반씩 투자하여 밭을 샀지만 이전 등기는 아버지 이름으로 했다. 그리고 외삼촌이 투자한 돈을 어머니가 살아가면서 갚았다.

어머니 생에 처음으로 샀던 밭이다. 그 밭은 어머니에게 하늘과 같은 부동산이었다. 그런데 당신의 정신과 몸이 많이 약해진다는 사실을 아시고는 내게 선뜻 내 주셨다. 그리고 밭을 사고 싶다는 임자가 나타나서 팔게 되었다.

인생에 만약은 없다지만 그 밭을 팔지 않았거나 사고 싶었던 아파트를 사놓았더라면 지금 내 삶은 어떻게 되었을까?

거기에다가 주식 투자로 돈을 모두 날리지 않았다면 내 인생이 지금보다 더 좋았을까?

글쎄, 확신할 수는 없다.

퇴사하고 무작정 놀고 있던 어느 날, 나는 2천만 원을 들고 대우증권 안동대리점에 찾아가서 주식을 사고 싶다고 했다. 상담하는 직원이 현대

차와 삼성전자를 권했다. 나도 좋게 생각하고 있던 차에 두 종목에 투자하고 돌아왔다. 본래 내 계획은 장기 투자를 할 생각이었다.

그때 교회 출석은 시내에 있는 D교회로 하고 있었다. 2005년 5월 직장에서 퇴사하면서 교회를 옮겼다. 전에 다니던 이천교회에는 다시 돌아가기가 쉽지 않았다. 고향 마을에 개척을 시작한 교회도 있었지만 조금 더 큰 교회에 가고 싶다는 생각에 시내에 있는 다른 교회로 출석을 했다.

그러던 어느 날 이천교회의 권중동 집사님을 우연히 만나게 되었다. 이런저런 이야기를 나누던 중에 중부교회가 가까이 있다는 사실을 알려 주었다. 지금은 고속화 도로가 생겨서 시내 교회까지 약 10분이면 갈 수 있다. 그때는 시내에 있는 D교회에 가려면 구불구불한 안포선 재를 넘는 불편함이 있었다.

주일이 되어 시내 교회로 가지 않고 국립안동대학교 가까이에 있는 중부교회로 출석을 했다. 그때도 앞쪽에 앉았다. 젊은 목사님이 시무하고 계셨다. 연배가 비슷한 목사님이라 적응하기가 더 쉬웠다. 음치지만 음악성을 개발하고 싶다는 생각으로 성가대 봉사 요청에도 응했다. 그렇게 시간이 흐르면서 잘 적응해 갔다. 해를 넘긴 2006년 안수집사 투표에서 다득표자로 선출되었고, 11월 19일 임직식 예배를 드렸다.

잠시 교회 이야기로 흘렀다. 삼성전자와 현대차 주식을 매수하고 돌아온 몇 달 후에 담당 직원에게서 전화가 왔다. 두 종목을 팔 때가 되었다면서 팔라고 종용했다. 장기 투자를 생각하고 있었지만, 직원이 계속 팔라고 해서 매도를 했다. 수익이 괜찮게 났다. 그러면서 다른 종목을 추천하면서 사라고 했다. 그 종목을 샀고 며칠 뒤에 직원이 매도를 권했다. 역시 수익이 났다. 그것이 독이 되었다.

주일에는 중부교회에 출석하고 주중에는 컴퓨터에 주식매매 프로그램을 깔고 들여다보기 시작했다. 컴퓨터로 집에서 직접 매매를 하기 시작했다. 서서히 주식에 미쳐갔다. 친구를 만나면 주식 이야기가 하고 싶어서 입이 근질거렸다. 열심히 주식 책을 읽었고, 경제의 흐름을 알아야 한다고 경제 신문을 구독했다. 경제 방송과 주식 전문 방송을 열심히 시청했다.

그리고 주식 관련 책을 수십 권 사서 읽었다. 대구에까지 가서 주식 강연을 듣기도 했다. 수익을 낸 날도 있었고 손실을 본 날도 있었다. 수익을 낸 날은 주식 도사가 된 것처럼 기뻤고, 손실이 난 날은 곧 자살할 것처럼 우울했다. 주식 투자는 기본적으로 장기 투자를 해야 한다. 단기 매매에 매달리면 돈 잃고 폐인이 된다. 주식은 상승장에서만 수익을 낼 수 있다. 2005년은 상승장이었기 때문에 수익이 났다. 그 달콤함 때문에 주식 투자라는 합법적인 도박장에 빠져들었다.

그러나 2006년에는 주식시장이 횡보했다. 개미들은 횡보하는 장에서는 수익을 내기가 힘이 든다. 개미들이 사면 내리고 팔면 오른다. 그렇게 가랑비에 옷이 젖듯이 손실이 커진다. 나도 예외는 아니었다. 2006년이 끝나갈 무렵에 원금이 거의 반토막이 났다.

그래서 소위 전문가라고 하는 사람들이 매매를 이끌어 주는 주식방에 참여했다. 그것은 빛 좋은 개살구였다. 전문가의 도움을 받는 데 한 달에 몇백만 원의 비용을 지급해야 한다. 수익을 내면 괜찮아도 손실이 나면 이중으로 손해를 본다. 전문가에게 들어가는 비용과 투자 손실까지 나는 것이다. 하루 조금 벌고 다음 날은 더 크게 손해를 보는 경우가 많다. 거기에다가 가만히 있어도 손실이 나는 날이 있다. 주식이 하락하기 시작하면 전문가도 손실을 봤다.

주식 투자를 하는 시간이 흐를수록 원금이 불어나기는커녕 조금씩 깎여 나갔다. 조금씩 깎이는 것이 아니라 돈은 봄날의 눈처럼 사라지기 시작했다. 돈은 돈이 아니라 모니터에 표시되는 숫자에 불과했다. 사람이 이렇게 무감각할 수도 있다는 생각이 들었다. 현금 만원에도 떠는 사람이 숫자로 표시된 큰돈이 빠져나가도 아깝다는 생각이 별로 들지 않는다. 다만 자산이 줄어들고 있다는 사실이 슬플 뿐이다.

손실이 불어날수록 어둡고 착잡해지는 마음은 곧 폐인이 될 것 같았다. 이래서는 안 되겠다는 생각이 들었다. 3시에 주식시장이 끝나면 인근 산에 올라 등산을 하면서 마음을 달랬다.

경제 방송에는 분석 전문가들이 너도나도 분홍빛 미래를 이야기했다. 풍선은 터지기 직전이 가장 커지는 법이다. 퇴직 연금 제도가 시행되면 주식시장으로 그 돈이 밀려 들어온다고 했다. 그러면 주식시장은 활황이 될 것이라고 떠들었다. 그리고 한국의 주식시장이 곧 선진국 지수에 포함이 된다고 큰소리를 쳤다. 그때 된다던 선진국 지수 편입이 약 15년이 지난 지금까지도 안 되고 있다.

어쨌든 2007년에는 주식 도표가 대세 상승 그래프를 그리며 상승했다. 나도 수익이 조금 생겨 연말에는 조금 큰 액수의 헌금을 했다. 거기까지였다.

2008년 새해가 시작되면서 주식시장은 대세 하락하기 시작했다. 1월부터 주식시장이 하락하기 시작했으니 정보력을 가진 전문가들은 빠져나가기 시작했다고 봐야 한다. 미국에서는 서브프라임 모기지론 사태가 터졌다. 대출금을 갚지 못하는 사람들이 살던 집에서 쫓겨났다. 지금 이렇게 쓰지만, 경제에 미친 영향이 얼마나 컸는지 1929년 미국의 대공황보다 더 심했다고 평가한다.

손실을 빨리 만회하고 싶다는 욕심에 선물 투자를 시작했다. 증권사 직원도 부정적으로 말했지만, 주식에 반은 미쳐 버린 사람 귀에 그 말이 들어오지 않았다. 전문가들도 겁을 내는 선물 투자에 손을 대면서 손실을 재촉했다. 선물에 손을 대기 시작한 것은 주식으로는 하락장에서 수익을 낼 수 없다는 사실을 인지했기 때문이다.

선물은 상승장에서도 수익을 낼 수 있고 하락을 이용해서도 수익을 낼 수 있다. 전문가와 함께하면 수익을 낼 수 있겠다는 착각이 들었다. 그러나 전문가도 소용없었다. 그들도 손실을 기록하고 있었다. 순식간에 계좌의 원금이 바닥나고 말았다.

주식시장은 합법화된 도박장이다. 그곳에 개미들이 들어가는 것은 불나방이 불을 향해 달려드는 것과 같다. 많은 정보와 기술을 가진 전문가들과 거대한 자금력을 동원하는 세력에게 잡아 먹히러 들어가는 하룻강아지다. 주식을 하는 사람들의 특징이 수익이 나면 자랑을 하고 손해가 나면 침묵한다. 그래서 주위에 돈을 벌었다는 1퍼센트의 사람들 말에 나도 하면 될 것 같은 착각에 빠져든다. 돈을 잃은 99퍼센트의 사람들은 시치미를 떼고 살아간다.

전문가도 믿을 수 없다. 대세가 하락하면 그들도 손실이 나는 것을 어찌지 못한다. 그런 곳에 전문가를 믿고 들어가는 것은 점쟁이에게 내 운명을 맡기는 것과 같다. 증권사는 합법적으로 공매도를 할 수 있어 하락장에서도 수익을 낼 수 있다. 개미는 아무런 손을 쓸 수 없다. 개미들의 공매도를 금지하라는 원성에 실제로 2023년 가을에 공매도를 잠정 중단시켰다.

그러나 시장에 좋은 효과가 없었다. 주식시장에서 많은 돈을 잃으며 뼈저리게 배운 것은 '세상에 공짜는 없다'는 것이다. "너희는 머리에 땀을 흘려야 먹고 산다"는 성경의 구절을 다시 새겨 본다.

2008년 말에 냉정하게 주식 투자를 정리했다. 지금까지 주식 차트를 보지 않고 있다. 주식 차트는 주식이 움직인 결과다. 주식 차트를 잘 알면 모두 투자에 성공할 것 같다. 저점에서 사서 고점에서 팔면 될 것 같다. 실제 시장은 럭비공처럼 움직인다. 어디로 튈지 모른다. 살아 움직이는 주식을 결과물인 차트를 보고 투자하는 것은 어리석은 일이다. 어쨌든, 돈은 잃어도 시골집은 날리지 않았음에 감사하고 있다.

5. 공공 근로를 하다

주식 투자를 완전히 정리한 나는 워크넷에 구직 정보를 올렸다. 취업이 쉽지 않아 2009년 봄에 공공 근로를 신청했다. 약 4년간 무직 상태라서 그런지 공공 근로가 허락되었다. 공공 근로는 주로 나이 드신 어르신들, 또는 퇴직한 사람들이 하는 것으로 생각했다. 마흔다섯 살인 내가 공공 근로를 하게 되었다.

안동시시설관리공단 산하에 있는 하수종말처리장에서 공공 근로를 하게 되었다. 처음으로 그런 시설에 들어가 봤다. 위에서 보면 아무것도 보이지 않는다. 다만 커다란 수조 같은 것이 잔디밭에 있을 뿐이다. 하수종말처리장이라고 하지만 보이는 물은 깨끗했다. 모든 기계 설비가 지하에 들어가 있었다.

　하수로를 통해 들어온 생활 하수가 여러 공정을 거치며 정화되고 있었다. 거기에다가 약품 처리를 통해 물을 더 깨끗하게 만든 다음 강으로 보내고 있었다. 하수 찌꺼기는 잘게 부순 다음 거름으로 만들기도 했다. 물과 생활 환경을 깨끗하게 한다는 사실에 고마움을 느꼈다. 예전에는 각 가정에 정화조를 매설했다. 최근 몇 년 사이에 가정에서 발생하는 생활 하수를 바로 하수종말처리장으로 가도록 만들었다.

　연세 드신 어르신과 함께 공공 근로를 하게 되었다. 예순 중반의 연세에도 상당히 진보적인 생각을 하고 있었다. 함께 힘든 일을 하는데 생각까지 다르면 대화도 힘들고 어울리기도 힘들었을 것이다. 서로 나이 차이가 났음에도 세상을 보는 관점이 비슷해서 대화가 잘 되었다. 더운 날에 밀짚모자를 쓰고 잡초를 뽑으며 재미있는 이야기는 끝이 없었다. 이야기를 재미있게 하시던 어르신 덕분에 공공 근로는 재미있는 일이 되고 추억이 되었다.

　우리는 가끔 직원들이 하는 일을 돕는 보조 역할을 했고, 어떤 날은 하수로를 정리하는 데 따라가서 도왔다. 이것도 저것도 없는 날에는 밖에 나가서 잔디밭에 난 잡초를 뽑았다. 잡초를 뽑을 때도 안동시시설관리공단 직원들은 배려를 많이 해 주었다. 물을 자주 마시게 했고, 쉬는 시간을 지키게 했다. 거기에다가 말 한마디를 해도 조심해서 했다. 공공 근로를 해야 할 만큼 이미 상처받은 사람들에 대한 배려이자 예의가 아니었나 하는 생각이 든다.

　점심은 구내식당에서 먹도록 배려해 주었다. 도시락을 싸서 다니는 것도 쉬운 일은 아닌데 함께 먹을 수 있도록 해 주었다. 어떤 날은 자신들의 회식에도 우리를 데려갔다. 나는 음주가무(飮酒歌舞)를 못하므로 회식 문화를 별로 좋아하지 않는다. 그러나 함께 일하는 어르신이 좋아하셔서 따라가 놀다가 오기도 했다.

4월부터 9월 말까지 공공 근로를 한 것으로 기억한다. 3개월씩 연 2회만 가능하기 때문이다. 공공 근로가 끝났을 때 동장에게 산불감시원 일자리를 부탁했다. 12월에 바로 산불감시원 일을 할 수 있게 되었다.

산불 감시는 도로에 다니면서 하는 감시가 있고, 산 위에 있는 초소에서 하는 감시가 있었다. 처음 들어갔다고 나에게 산 위에 있는 초소에서 근무하라고 했다. 내가 활동하는 지역에 초소가 두 개가 있다. 하나는 가까운 곳에 차들이 다니는 고갯길이 있어 덜 적적하다. 그러나 하나는 완전히 오지에 있다. 오지에 있는 초소에 배정 받아 감시 활동을 시작했다.

아무도 없는 산 위에 혼자 있으면 외롭기도 하지만 무섭다는 생각도 자주 든다. 그러나 어찌하리 당연히 해야 하는 일이기 때문에 감사하게 생각하면서 보초를 섰다. 그래도 적적하면 휴대폰에 저장한 영어 회화를 듣기도 하고 노래를 부르기도 하면서 보냈다. 가끔 무전기로 서로 교신하기 때문에 그렇게 적적하지는 않았다.

그렇게 12월 한 달 동안 감시원 활동을 마쳤다. 그 당시에는 한겨울인 1월과 2월에는 산불감시원 활동이 없었다. 그 시기에는 야외 활동을 하는 사람들이 적었다. 산에 가는 사람들도 별로 없었다. 그래서 산불이 날 일도 적어 감시원 활동은 없었다.

해가 바뀌어 3월부터 다시 산불감시원 활동을 시작했다. 나는 다시 산 위에 설치된 초소에 배정되었다. 이번에는 무전기와 함께 위치 추적기를 줬다. 사람들이 제 위치에서 바르게 감시 활동을 안 하는 경우가 있는 모양이었다. 배낭에 도시락과 뜨거운 물을 넣은 보온병을 챙겨서 등산하는 기분으로 감시 초소에 올라갔다. 해가 바뀌고 처음 올라간 초소에는 자물쇠가 뜯어져 있었다. 안에는 추운 겨울에 누가 와서 잠을 잤는지 침낭이 있고 흐트러져 있었다. 대충 정리하고 감시 활동을 했다.

산불감시원 활동은 봄철에 집중적으로 신경을 더 써야 하는 활동이었다. 마른 낙엽에 바람이 심하게 불기 때문에 위험했다. 시골에는 논과 밭두렁을 태우는 일이 산불로 번지는 경우가 많았다. 거기에다가 식목일과 한식에는 산에 오르는 사람들이 몰리는 가장 신경 쓰이는 날이기도 했다. 따뜻한 봄이 되자 산나물을 채취하는 사람들이 가끔 올라왔다. 고사리가 날 때는 나도 오르내리며 고사리를 채취했다. 그해 제법 많은 고사리를 채취했었다.

사람들이 산에 많이 오르는 식목일과 한식을 정점으로 산불 감시도 긴장감이 조금씩 떨어졌다. 거기에다가 산하는 서서히 푸른 잎으로 바뀌었다. 5월 말에 산불감시원의 모든 활동이 종료되었다.

6. 좌천, 또 좌천

마땅한 직업도 없이 공공 근로나 산불감시원으로 일하며 지내고 있었다. 그때 교회 옆에는 요양원 건물이 지어지고 있었다. 단기보호시설을 운영하시는 한 장로님께서 세우는 사업장이었다. 건물이 완공되면 일할 수 있도록 직간접적으로 부탁을 드렸다. 목사님께서도 나의 취업을 위해 애쓰셨다. 장로님께서도 호의적으로 생각하고 계셨다.

3층 생활실에서 일하게 해 달라고 말씀드렸다. 내 진심이 담긴 말이었다. 신학 공부는 했어도 목회자가 되는 것을 포기하면서 항상 무슨 일이라도 하겠다는 각오를 다지고 살았다. 여기서 내 부모님 같은 어르신들을 섬기며 사랑과 봉사의 의미를 담아 일하고 싶었다. 이름 없이 빛도 없이 주일이면 교회에 나가 하나님을 섬기는 신앙인으로 살고 싶었다. 거기에다가 몇 년간 실업자의 삶을 살고, 공공 근로나 산불감시원으로 생활해 보니 일할 수 있다는 사실이 얼마나 큰 축복인지 알았다.

산불감시원 활동을 하던 어느 날 장로님에게서 전화가 왔다. 요양보호사 자격증을 취득하라고 하셨다. 그때는 시험 제도가 없었다. 교육만 받으면 자격증이 바로 나왔다. 안동의료원 부설 요양보호사 교육원에 등록하여 교육받았다. 실습은 안동시 임하면에 있는 모 요양원에서 받았. 당시에 나는 사회복지사 2급 자격증을 갖고 있었다. 교육 시간에 혜택이 주어져도 일반인들처럼 교육도 실습도 다 받았다. 그렇게 자격증을 취득했다.

사회복지사 2급 자격증 취득은 전 직장에서 도움을 받았다. 전 사업장에 있을 때 사모님께서 1급 시험에 합격하셨다. 그리고 몇몇 관리자에게 시험이 없는 2급을 취득하라고 하셨다. 사이버대학에 등록하여 자격증 취득에 필요한 과목을 들었다. 과목 이수에 3학기라는 기간이 걸렸다. 그 기간에 나는 퇴사를 하였고 2006년 6월에 사회복지사 2급 자격증을 받았다.

5월 말에 산불감시원 활동이 끝났다. 얼마 지나지 않아 장로님에게서 요양원에 출근하라는 연락이 왔다. 그것도 사회복지사로 출근하라는 것이었다. 2010년 6월 15일부터 요양원에 출근했다.

이제 막 시작된 곳이라 조금은 어수선했다. 단기보호시설에 생활하던 어르신들을 새 요양원으로 옮겨 모셨다. 시설의 미비한 부분을 개선하고 사무실을 정비해 나갔다. 그러는 중에 3층 건물 이상에는 방화관리자가 있어야 한다고 했다. 6월 말 대구에 가서 방화관리자 교육을 받았다. 합숙 교육 후 시험이라는 과정을 거쳐서 자격증을 발급해 주었다. 다시 7월 하순에 대구에 가서 승강기 관리교육을 받았다.

어느 정도 자리를 잡아갔고 8월 16일 요양원 개원일이 되었다. 그러나 사회복지 업무가 처음이라 모든 것이 생소했다. 거기에다가 사무국장은 나에게 상당히 배타적이었다. 일을 가르쳐 주면서 합력하여 선을 이루기보다는 어떻게 하든지 배척하겠다는 의사를 노골적으로 드러냈다.

말을 해도 곱지 않은 어투였다. 어느 날에는 특별히 할 일도 없고 바늘방석 같은 느낌이 들어 밖으로 나갔다. 잔디밭에 앉아 풀을 뽑았다. 내리쬐는 햇살을 맞으며 풀을 뽑는데 원장님께서 지나갔다. 사무실에 들어가서 국장에게 나를 불러들이라고 하신 듯하다. 국장이 나오더니 그만하고 사무실에 들어오라고 했다. 예사 언어가 아닌 빈정거리는 어투였다.

어떤 날은 내 책상에 걸터앉더니 나에게 일없이 타박했다. 특별한 잘못도 없기에 옆에 서서 잔소리해도 기분이 좋지 않았을 것이다. 그런데 내 책상 위에 떡하니 걸터앉아서 트집을 잡았다. 목까지 올라오는 화를 억지로 참았다. 국장은 같은 교회에 다니는 여집사님이었다. 교회에서 매 주일 얼굴을 마주했다. 나이도 내가 자기보다 많았다. 내가 아무리 못나도 이런 행동은 아니라는 생각이 들었다.

지금은 그때 분노를 터뜨리지 않은 것이 다행이라는 생각이다. 신앙인으로 받은 은혜를 다 쏟았다면 서로가 좋지 않았을 것이다. 이런 일들에 대해 원장님에게 왜 말하지 않았느냐고 묻는다면 "어려웠다"고 대답하고 싶다. 나는 살짝 히스테릭한 어머니를 두려워하면서 자랐다. 그 영향으로 모든 어른이 어려웠다. 거기에다가 전 직장에서 받은 엄청난 스트레스 때문에 사주(社主)가 어렵게 느껴졌다. 또한, 말을 해도 해결이 쉽지 않겠다는 생각도 들었다.

그렇게 지내던 어느 날에 위생원으로 근무하라는 명이 떨어졌다. 나는 기뻤다. 가시방석 같던 곳에서 벗어난다는 사실이 너무 좋았다. 정말 열심히 일했다. 주일 교회에 와서도 세탁기를 돌려 빨래를 했다. 짧은 기간이지만 위생원의 고충을 알게 되었다.

세탁물은 주로 옥상에 널었다. 한겨울 살을 에는 추위에도, 한여름 더위와 따가운 햇볕에도, 바람이 끝없이 부는 날에도 옥상으로 올라가서 세탁물을 건조한다. 거기에다가 자기 옷에 집착하는 어르신들의 요구까지 들어야 하는 쉽지 않은 역할이다. 사람들은 내 일은 힘들고 남의 일은 쉽다고 생각하는 경향이 있다.

가슴에 사랑이 없으면 어려운 사람들의 모습이 보이지 않는다. 가슴에 사랑이 있으면 이웃이나 사회의 어려운 사람들을 쉽게 발견할 수 있는 눈이 생긴다. 또한, 쉽게 보이는 남의 단점도 사랑의 눈으로 보면 아무것도 아닌 것으로 보인다. 오히려 사랑스럽기까지 하다.

남의 단점이 자꾸 보일 때 내 가슴에 있는 사랑의 크기를 측정해 보면 어떨까?

그렇게 2개월간 위생원으로 생활을 했다. 이제는 생활실로 보내졌다. 생활실에서 어르신들을 직접 돌보게 되었다. 몸과 마음이 홀가분해졌다. 사람들이 수군거렸다.

국장이 왜 그렇게 나를 싫어하고 배척한 것일까?

단기보호시설에서 자신이 데려온 직원이 있었다. 요양원이 생기면 사회복지사를 맡기기로 하고 데려왔다는 말이 들렸다.

그렇구나!

알 수 없는 퍼즐이 맞추어지는 느낌이 들었다. 내가 낙하산으로 사회복지사를 맡게 되었으니 눈엣가시가 되었다. 그러니 원장님께 나에 대해서는 항상 부정적으로 보고되고, 급기야 한직으로 밀리고 밀리는 결과를 낳았다는 것이다. 이유가 무엇이든 나는 일자리를 부탁할 때부터 3층 생활실을 원했다. 감사하면서 일했다.

생활실에서 일하고 있던 어느 날에 친구에게서 연락이 왔다. 보험을 해 보라는 것이었다. 다른 것은 다해도 보험은 못한다고 거절했다. 정말 나는 영업이 싫다. 사람들을 만나서 아쉬운 소리를 해 가며 물건을 판다는 것은 죽어도 못한다. 그러자 시험만 치러 달라고 했다. 피곤한 가운데 공부하여 보험설계사 시험에 합격했다. 계속 도와줄 테니 해 보라고 했다.

경주에 가서 연수를 받고 보험 판매에 나섰다. 서서히 보험이라는 늪에 빠져들었다. 처음에는 보험사 직원이 동행했다. 보험을 한다고 지인들에게 연락했다. 몇몇 사람이 도와주었다. 미리 전화로 만나기로 약속한 중부교회 이정순 권사님 댁에 찾아갔다. 몇 계좌를 가입해 주셨다. 보험사 직원이 나와 동행하면서 듣게 된 나에 대한 평판이 상당히 좋다는 사실에 고무되었다. 거기에다가 신용 등급을 조회하니 1등급으로 나왔다. 나에게 더 희망을 품는 눈치였다.

주식으로 돈을 모두 날린 후에 보험을 하면서 약간의 목돈을 만들었다. 그 돈으로 우리 집과 아랫집 사이에 콘크리트 축대를 쌓았다. 전 직장에 근무할 때 반듯한 아랫집을 사서 이사를 했다. 깨끗하게 리모델링까지 해서 살았다.

본채보다 낮게 지어야 한다는 옛말에 어설프게 지어진 아래채가 있었다. 그 아래채 뒤로 축대가 허물어지고 있었다. 마구간이 있던 아래채를 허물고 경계를 깔끔하게 정리했다. 지금 생각해도 잘한 일이다. 그 시골집을 '평안(平安)의 뜨락'이라 이름 지어 별장처럼 쓰고 있다. 마당에 잔디를 심고 꽃을 가꾸고 있다. 보험은 거기까지였다.

'인간만사 새옹지마'라 했던가?

새로 남자 국장이 입사했고, 그 여자 국장은 한직으로 밀렸다. 그런 어느 날 원장님은 나를 부르더니 내게 다시 사회복지사로 근무하라고 부탁했다. 나는 완곡하게 사양했다. 이름도 명예도 필요 없었다. 조용히 일하고 신앙생활 하면서 지내고 싶었다. 결혼을 했다면 다른 욕심을 내었을 텐데 오십을 향해 가는 나이라 결혼에 대한 희망도 없었다.

퇴근하여 집에 막 들어서는데 남자 국장에게서 전화가 왔다. 도와 달라고 했다. 그러면서 비전을 제시했다. 시설도 더 늘리고 장애인 시설도 만들고 싶은 꿈이 있으니 함께하자고 했다. 마음이 흔들렸다. 장애인들과 오랜 세월을 함께했기에 그들을 향한 내 애정이 아직도 남아 있었다. 전화를 끊지 않고 계속 말을 했다. 끈질긴 요구에 그렇게 하겠노라고 대답했다.

다시 사무실에 내려왔다. 얼마 후에 그 여자 국장은 퇴사했다. 나는 열심히 일했다. 생활실에서 생기는 모든 문제를 내가 취합해 결정했다. 밤중에 자다가도, 휴가를 가서도 응급 상황이 발생하면 내게 전화가 왔다. 그러다 보니 쉬는 날도 마음이 편하지 않았다. 항상 상황을 살펴야 했다.

스트레스가 쌓였지만 한편으로는 일하는 기쁨이 넘쳤다.

그러는 중에 어머니의 요양 등급을 받아 요양원에 모셨다. 전에는 등급이 잘 나오지 않았다. 혼자 치매 증세가 심한 어머니를 집에서 모시느라 애를 먹었다. 치매 판정을 받아 요양 등급을 신청하니 2급 판정이 나왔다.

어머니를 요양원에 모신 후 부담이 줄어서 공부를 하기로 했다. 학사학위에 29학점이 모자라는 211학점을 갖고 있었다. 그냥 버리기에 아까웠다. 전문대 80학점, 사회복지 공부를 한다고 131학점을 이수하고 있었다. 사이버대학에 등록하여 29학점을 이수했다. 2013년 8월 30일 학사학위를 받았다. 서남수 교육부장관 명의의 행정학사였다. 말할 수 없는 기쁨이었다. 나도 이제는 학사가 되었다. 치매가 걸려서 이해가 어려운 어머니에게 학위증을 보여 드렸다.

기쁨도 잠시 어머니를 모시는 중에 요양원과 갈등이 생겼다. 나는 다시 생활실로 쫓겨났다. 열심히 했던 만큼 이번에는 아픔이 컸다. 첫 좌천 때는 오히려 기뻤어도 이번에는 아쉬움이 컸다. 얼마나 아픔이 컸는지 며칠을 누워 있었다.

신발을 놓는 위치가 신발장의 위쪽에 있다가 제일 아래쪽에 놓이자 그것까지도 내게는 아픔으로 느껴졌다. 당시에 관리자들의 신발은 위쪽에 두었다. 좌천되면서 내 신발은 제일 아래쪽에 놓이게 되었다. 거기에다가 봉급은 거의 반 토막이 났다. 돈, 지위, 체면이 한꺼번에 바닥에 나뒹굴었다. 그때 갈등의 원인이 되었던 글의 원본을 아직 가지고 있다.

나는 빌립보서 4장 11-13절을 외우며 힘을 내기로 했다.

> 내가 궁핍하므로 말하는 것이 아니니라. 어떠한 형편에든지 나는 자족하기를 배웠노니, 나는 비천에 처할 줄도 알고 풍부에 처할 줄도 알아, 모든 일 곧 배부름과 배고픔과 풍부와 궁핍에도 처할 줄 아는 일체의 비결을 배웠노라. 내게 능력 주시는 자 안에서 내가 모든 것을 할 수 있느니라(빌 4:11-13).

생활실로 다시 올라오면서 사람들과 어울리는 것이 싫어졌다. 예전에는 동료들과 편하게 어울리며 시간을 보냈다. 혼자 있는 것을 즐겼다. 사람들이 싫어졌고 자신을 스스로 고립시켰다. 그 덕분에 좋은 것도 있었다. 코로나19가 극심할 때 대부분 쉽게 전염이 되었다. 나는 코로나19를 피했고 세력이 약해진 어느 날 살짝 왔다가 갔다.

지금은 그날의 좌천에 감사하고 있다. 지금 돌아보면 그때 그 아픔은 축복을 주시기 위한 변곡점이었다. 그때 아픔으로 아내와 결혼을 결심하여 덜 외로운 인생을 살고 있다. 아내와 결혼해 반듯한 아파트도 샀다. 그때 그 일 때문에 글쓰기를 배웠고 시인, 수필가가 되었다. 거기에다가 안동문인협회에서 활동하며 내 존재를 발견해 가고 있다. 그때 그 일 때문에 대학원을 졸업했다. 이제는 영어 공부를 계속하고 있다.

세간에는 그런 말이 있다. 무당의 신내림을 거부하면 삶이 잘 안 풀린다는 말이다. 혹시나 나도 그런 것은 아닐까 하고 생각할 때가 있다. 이제야 고백을 하지만 나는 하나님 앞에 서원 기도를 했다. '내게 공부할 기회를 주신다면 하나님을 섬기고 전하는 자로 살겠다'고 서원했다. 시편 15편 4절에 "서원한 것은 해로울지라도 갚으라"고 했는데 결과적으로 약속을 어겼다. 하나님의 말씀을 직접 전하는 목회자의 삶은 살지 못하고 있다.

그러나 항상 빚진 자로 하나님을 전하며 살고자 노력한다. 지금 이 글, 이 책도 하나님의 살아 계심을 증거하고 싶은 표현이다.

절망처럼 다가오는 인생의 늪을 만났을 때 허우적거리느라 비록 만신창이가 될지라도 그곳을 벗어나고 이겨낸 이야기 하나는 가지고 있어야 한다. 그 이야기가 이 땅을 살아가는 흔적을 더 풍성하게 만들어 준다. 시련이라는 바람은 나를 넘어뜨리기 위해 존재하는 것이 아니다. 그 바람은 나를 더 단련시키고 성숙시키기 위해 존재하는 것이다. 그 바람은 나를 더 안전한 곳, 기쁨과 성취가 있는 세상으로 인도해 주는 길잡이다.

7. 당신의 얼굴

좌천으로 우울한 나날을 보내고 있는데 홍콩 여행을 준비하라고 했다. 직장에서 경비를 전액 지원하는 포상 여행의 성격이라 마음은 힘들지만 마다할 이유가 없었다. 사진관에 가서 여권 사진을 찍었다. 사진을 찾으러 가서 깜짝 놀랐다. 사진이 어둡게 나올 줄 알았는데 너무 밝게 잘 나왔다. 좌천당하고 마음이 가장 힘들 때 사진을 찍어서 표정이 전체적으로 어둡게 나올 줄 알았다.

그때 찍은 여권 사진이 내 인생에서 가장 밝게 잘 나온 사진이 되었다. 그 사진으로 약 십 년을 써먹었고 작년에 여권을 갱신하면서 사진을 새로 찍었다. 새로 찍은 사진에는 십 년이라는 세월의 흔적이 묻어났다. 어쨌든 사람들은 내 얼굴이 보기 좋다고 말한다. 잘생긴 얼굴은 아니지만 조금은 밝은 모습을 보고 하는 말인 것 같다. 자기 얼굴에 반해 물에 빠져

죽은 그리스 신화 속의 나르키소스처럼 사춘기 시절에는 내 얼굴이 정말 잘생겼다고 착각했다.

그러나 철이 들면서 바라본 내 얼굴은 잘생긴 얼굴이 아니었다. 이모저모 따져 보면 잘생긴 곳이 없다. 거기에다가 턱은 왜 그렇게 튀어나와 어릴 때부터 주걱턱이라고 놀림을 받았다. 사십 대 중반을 넘어서면서 이상하게 쌍꺼풀이 저절로 생겨났다. 전에는 쌍꺼풀이 없는 밋밋한 눈이었다.

그런데 내게 인물이 좋다고 말하는 사람들이 가끔 있다. 내 얼굴이 잘생겨서 사람들이 인물이 좋다고 말하는 것이 아니라, 내 얼굴이 전체적으로 조금은 밝게 보여서 그런 말을 하는 것으로 생각한다. 어린 시절부터 많은 고난을 지나왔어도 얼굴이 어둡지 않고 밝다는 사실에 감사할 따름이다.

사람의 얼굴에는 그 사람의 일생이 그려진다고 생각한다. 보통 어두운 삶을 살아가는 사람들의 얼굴은 어두운 모습으로, 밝은 삶을 살아가는 사람들은 밝은 모습으로 얼굴에 나타나게 되어 있다. 태어나면서 가져왔던 아름다움과 순수는 세월 속에 많이 변질이 되어 나타난다. 굳이 '변질'이라는 단어를 사용한 것은 어른이 되어서도 태어날 때처럼 순수한 마음으로 사는 사람을 보지 못했기 때문이다.

유년기를 보내고 청소년기를 지나 성숙한 어른이 되었을 때 우리의 얼굴은 어느 정도 굳어지게 된다. 물론, 성숙한 어른이 되어서도 그동안의 짧지 않은 세월은 각자의 얼굴에 그 사람만의 모습으로 새겨지게 된다.

어쩌면 어른이 된다는 것은 그 사람만이 가지고 있고, 가졌었던 희로애락이 얼굴에 정형화되어 나타나는 시기가 아닐까?

다 그런 것은 아니지만 아직 젊은 시절까지는 얼굴 모습이 조금씩은 변할 수 있다. 그 변하는 과정에서 그 사람의 삶이 밝았다면 밝은 모습으로 어두웠다면 어두운 모습으로 굳어진다.

점쟁이가 아닌 우리 같은 평범한 사람들도 사람들의 얼굴을 보고 쉽게 짐작할 수 있는 모습이 있다. 밝고 어두운 모습이라든지, 대체적으로 흰 피부를 가졌다면 실내에서 일하는 사람이라든지, 반대로 검게 탄 피부라면 건물 밖에서 일을 많이 하는 사람이라고 생각해 볼 수 있다. 이처럼 그 사람의 삶은 알게 모르게 얼굴에 스며들게 되어 있다. 전문가는 아니지만 내가 파악하는 사람들의 모습이 있다.

첫째는 욕심이 많거나 고집이 센 사람들이다.

욕심이 많거나 고집이 센 사람들의 얼굴은 어딘가 모르게 표정이 많이 굳어 있다. 그래서 조금은 날카롭고 차갑게 보이며 온유함과는 거리가 먼 사람처럼 보인다.

둘째는 고생을 많이 한 사람들과 마음에 평안함이 없는 사람들이다.

고생을 많이 한 사람들과 그 마음에 평안함이 없는 사람들의 얼굴에는 늘 항상 어두운 수심의 검은 그림자가 얼굴을 덮고 있음을 쉽게 볼 수 있다.

셋째는 미남형의 얼굴은 아니지만 밝은 빛이 나는 사람들이 있다.

그들은 결코 외형적으로 내세울 만한 것들이 아무것도 없음에도 얼굴이 밝은 사람들이 있다. 얼굴에서 피어나는 밝은 모습은 마치 골짜기를 가득히 메우는 진달래처럼 언제나 이웃을 밝게 하며 은은하게 핀다.

우리의 모습은 어떤 모습일까?

욕심과 고집으로 굳어진 차가운 얼굴, 어찌할 수 없는 삶의 무게로 어두워진 얼굴, 아니면 그 모든 것을 넘어선 밝은 얼굴일까?

내 얼굴이 잘나고 못나고를 떠나 내 모습이 밝은가 어두운가를 판단해서 가능하다면 밝은 모습으로 바꿔야 한다. 잘생긴 사람의 얼굴에서 어둠이 흐른다면 못난 얼굴에서 피어나는 밝은 모습보다 못할 수 있다. 우리는 얼굴 가득히 피어나는 밝음의 파운데이션을 발라야 한다.

밝게 살아가는 사람들의 심리를 연구한 결과를 보면, 밝게 살아가는 사람들은 공통적으로 늘 감사하고, 사랑이 많으며, 온유하고, 긍정적인 생각과 마음을 가졌다고 한다. 그러나 연약한 우리 인간들은 위의 네 가지 조건을 생각과 마음에 갖고 싶다고 해서 쉽게 가질 수 없는 데 문제가 있다.

늘 감사하고, 사랑이 많으며, 온유하고, 긍정적인 생각과 마음으로 바꿀 수 있는 좋은 방법이 없을까?

모두에게 적용이 될지 모르겠지만 내 경험적인 이야기를 들려주고 싶다. 먼저는 내면을 가꾸기 위해 열심히 기도해 보자는 것이다. 내면이 아름다워야 보이는 겉모습도 밝고 아름다워진다. 어린아이처럼 무조건 이것저것 해 달라고 하는 기도가 아니다. 복잡한 생각과 마음의 욕심을 내려놓고 더 사랑할 수 있게 해 달라고 기도하고, 작은 것에서부터 큰 것까지 모두 더 감사할 수 있게, 더 긍정적인 생각과 마음으로 살아가게 기도하는 것이다.

동시에 미움, 욕심, 시기 등을 비롯한 추하고 부정적인 여러 가지를 생각과 마음에서 씻어 달라고 기도하는 것이다. 분명히 하나님은 응답하여 주실 것이다. 더 사랑하며, 더 감사하며, 더 긍정적인 생각과 마음으로 살아갈 수 있는 밝은 모습을 덤으로 얻게 될 것이다. 자연히 마음이 온유하고 긍정적인 생각을 하게 되면 표정이 밝아질 수밖에 없다.

개인적인 체험으로 성령이 내 안에 들어오시면서 기쁨과 평안함이 함께 들어왔다. 그 기쁨과 평안함이 내 안에 있으니 기본적으로 항상 밝을 수밖에 없다. 그러나 사람 사는 것이 항상 좋은 날만 있는 것이 아니다. 힘들 때는 가까운 기도원에 자주 올라갔다. 지금은 마땅한 기도원이 없어 시골집에서 혼자 기도를 즐긴다. 전에는 교회에 자주 갔는데 언제부턴가 교회에도 자물쇠가 채워지면서 못 가고 있다. 무시로 기도해야 하는 신앙인들에게는 호흡이 끊기는 일이다.

어쨌든 하나님께 기도하면서 나를 힘들게 하는 사람들을 해코지해 달라는 기도는 할 수가 없다. 오히려 저들을 용서하고 이해하고 사랑할 수 있게 해 달라고 기도했다. 상대가 너무 미워 기도조차 나오지 않을 때는 금식으로 내 혈기를 죽이는 기도를 했다. 사실 상처가 많은 사람의 얼굴과 마음은 강퍅하고 어두울 수 있다. 그러나 나는 내가 만난 하나님의 은혜로 상처를 사랑이라는 약으로 치료받았다. 거기에다가 깊은 기도를 하면서 아픔과 미움이라는 먼지를 매일 씻는다.

얼굴은 물로 마음은 기도로 닦아야 한다. 얼굴은 물로 씻고 비싼 화장품으로 관리하면서 마음은 전혀 씻지 않는 세상이다. 마음에 작은 스트레스가 쌓이고 쌓이면서 강퍅한 인성이 되어 간다. 좋은 세상을 만드는 것은 내 마음을 다스림에서부터 시작된다.

열심히 기도한 덕분에 깊은 기도의 참맛을 알게 되었다. 기도원에서 몇 시간을 그렇게 기도하면 마음 가득히 기쁨이 넘치고 얼굴에는 밝음이 환하게 피어났다. 그렇게 또 살아갈 사랑과 힘을 얻는다. 기도는 하나님이 주시는 사랑을 내 가슴에 충전하는 일이다.

다음으로는 어둡고 차갑게 굳어 있는 내 표정을 부드럽게 바꾸기 위한 노력이 필요하다. 어쩌면 기초화장품은 피부 화장품이나 영양 크림이 아니라 밝은 얼굴이 아닐까 한다.

그 밝은 얼굴 위에 한 화장이라야 더 아름답지 않을까?

매일 아침 꼭 거울 앞에서 웃는 연습을 하고 습관처럼 굳어지게 하자. 오늘 하루 만나는 모든 사람에게 거울 속에서 그렇게 웃고 있는 멋진 모습의 미소를 선물하자. 돈 한 푼 들이지 않고 가장 기분 좋은 선물을 주는 것이다.

8. 어머니의 소천

아버지가 돌아가시고 아직 미혼이었던 내가 어머니를 모시고 함께 살았다. 언제부터인가 어머니의 건강이 많이 나빠져 바깥출입이 힘들어지기 시작했다. 그것에 더하여 어머니는 치매를 앓기 시작했다. 치매라는 진단을 받기 전까지는 그저 약간의 이상 행동 정도로만 알았다. 어떤 행동을 하지 말라는 말씀을 드리면 그때뿐이고 끝없이 같은 행동을 반복했다. 위생적인 문제가 있어도 몸이 불편한 어머니를 위하여 소변기는 방안에 두었다. 어머니께서 소변을 보시면 내가 갖다 버리면 되었다.

그런데 어머니께서 소변기에 소변을 보시고 쏟아지면 이불 버린다고 하시며 방문을 열고는 밖에 아무렇게나 쏟아 버리셨다. 집이 한옥이라 방문을 열고 소변을 버리면 고스란히 처마에 버려지게 된다. 더러워지기 때문에 그렇게 하지 말라는 말씀을 여러 번 드렸지만 고쳐지지 않았다. 계속되는 어머니의 이상 행동 때문에 서로 소리를 높여 언쟁하는 일이 많았다.

가끔은 대변을 방바닥에 묻히고는 그것을 닦는다고 휴지를 달랑 한 장을 뜯어서는 온방에 묻히고 손에도 묻히셨다. 그렇게 하시고도 더러운 것을 모르셨다. 손을 씻겨 드리고 음식을 손으로 집지 말라고 말씀드리면 당신 입에 들어가니 상관없다고 말씀하셨다. 그러면서 치아가 없으니 음식을 손으로 뜯어 입으로 가져가기 일쑤였다.

식사는 때를 정해 드시는 것이 아니라 아무 때나 드셨다. 낮이건 밤이건 상관없이 드시고 싶을 때 언제나 드셨다. 치아가 없는 어머니를 위해 반찬은 주로 부드러운 음식으로 준비해 드렸다. 질긴 고기반찬 같은 것은 믹서기에 갈아서 드렸다. 그렇게 나름대로 정성을 쏟아도 어머니의 건강은 점점 더 악화되어 갔다.

어떤 날은 TV를 보고 말을 하다가 이유 없이 욕을 하기도 하셨다. 때로는 웃다가도 고함을 지르며 화를 내셨다. 건강할 때는 들어 보지도 못한 심한 욕을 하는 날도 있었다. 어떤 날은 TV에 음식을 먹으라고 권하기도 하셨다. 저녁에 퇴근해 집에 돌아오면 TV가 했다는 여러 가지 말을 전해 주셨다. 내가 퇴근하여 집에 오면 어머니는 주무실 때까지 내 곁에 앉아 계셨다. 밤이 늦었으니 가서 주무시라고 말씀드렸다. 조금만 더 놀다가 잔다고 하시며 늦도록 내 옆에 앉아 계시길 좋아하셨다.

가끔은 12시를 넘겨서도 나랑 놀고 싶다고 내 방문을 열고 들어오셨다. 다리에 힘도 없고 관절염으로 잘 걷지도 못해 힘겹게 엉덩이를 밀고 들어

오신다. 내 방에 불이 꺼져 있어도, 내가 잠을 자고 있어도 상관없이 들어오셨다. 어머니가 놀고 싶으면 시간은 상관없이 언제든지 내 방에 들어오셨다. 늦은 밤이라고 잘 달래서는 자리에 눕혀 드렸더니, 24시간 켜져 있는 TV를 쳐다보고는 "이제 잘라니더"하며 인사를 하신다.

내가 출근할 때면 같이 가자고 조르는 날이 많았다. 혼자 있으면 외롭다고 말씀하시며 같이 가면 안 되냐고 떼를 쓰셨다. 외롭다는 어머니의 말이 가슴을 찔렀다. 나도 일찍이 경험하며 알고 있는 그 말, 어머니 입에서 나온 말은 불화살이 되어 내 심장에 꽂혔다.

그러나 어찌하리!

TV를 보고 있으면 요양보호사 선생님이 오시니 괜찮다고 말씀드리고 출근했다. 그런 어머니를 혼자 남겨 두고 출근하는 날은 하루 종일 신경이 쓰였다. 집에서 몇 시간 방문 요양을 받지만, 요양보호사가 돌아간 나머지 시간은 내가 어머니 수발을 담당해야 했다.

어머니께서 시도 때도 없이 분가해 사는 둘째 아들 집에 가자고 조를 때가 많았다. 아들도 보고 싶고, 손녀도 보고 싶다고 말씀하실 때가 많았다. 아들은 일하러 가서 없고, 손녀는 학교에 가고 없다고 말해도 막무가내였다. 손녀 보러 학교에 가면 된다며 가자고 졸랐다. 모두가 바쁜 삶이라 한 번 시간을 내어 둘째 아들 집에 가면 십 분을 넘기지 못하고 집에 돌아가자고 떼를 쓰셨다. 그렇게 둘째 아들 집에 모시고 갔다가 얼마 계시지도 않고 돌아오는 일을 반복했다.

한 번은 내가 장기 출타를 해야 할 일이 있어 어머니를 동생 집에 모셨다. 며칠 만에 돌아왔더니 온 가족이 애를 먹고 있었다. 밤이면 잠을 주무시지 않았고, 툭하면 집에 돌아가자고 떼를 쓰셨단다. 거기에다가 소변을 아무렇게나 보시기까지 하셨다고 했다. 어머니는 정신이 없다가도 정신이 맑은 날은 물끄러미 내 얼굴을 쳐다보고는 이렇게 말씀하셨다.

"우리 묵이 인물은 좋은데 장가를 안 가서 내 마음이 아프다."

그리고 얼굴이 금세 어두워진다. 나는 괜찮다고 걱정하지 말라고 말씀드려도 가슴은 한없이 아려 오는 것을 부인할 수 없다. 이런 이상 행동이 있음에도 요양 등급이 안 나와 갈등하고 있었다. 그때 주위에서 치매 검사를 받아 보라고 알려 주었다. 병원에 가서 치매 검사를 받았다. 어린아이 같은 어머니가 치매 3기라는 진단을 받았다.

치매 진단을 받기 전에는 요양원에 입소할 수 있는 요양 등급이 나오지 않아 애를 먹었다. 치매 진단을 받아 요양 등급을 신청하니 바로 요양원에 입소할 수 있는 2등급으로 나왔다. 등급이 나오는 즉시 내가 근무하는 요양원에 어머니를 모셨다.

어머니를 요양원에 모시면서 내 생활이 조금은 자유로워졌다. 저녁에 어디로 나갈 수 없었는데 마음 놓고 볼일을 보러 갈 수 있게 되었다. 어머니의 치매가 심해지면서부터 여행은 생각할 수도 없었다. 어머니를 요양원에 모시고부터는 가끔 여행도 갈 수 있게 되었다. 지인들께서 요양원에 입소해 계시는 어머니 면회를 오셔서 한결같이 하시는 말씀들이 있다.

"이렇게 좋은 곳에 와 계시니 어머니는 복 받은 분이네."

요즘처럼 바쁜 세상에 어른들이 집에 계시면 어느 누가 부모에게 이렇게 신경을 써 주겠느냐는 것이었다. 어머니를 요양원에 모시기 전까지 나도 걱정을 많이 했다. 출가한 누님들에게 어머니의 부양을 떠넘길 수도 없는 일이요, 분가해 가족을 부양하기도 벅찬 동생에게 어머니를 모시라고 할 수도 없는 상황이다. 그렇다고 내가 영육이 약한 어머니를 집에서 모시기도 힘이 든다. 요양 등급을 받아 요양원에 어머니를 모시게 되어 어머니는 전문적인 서비스를 받게 되었다.

어느 따스한 봄날 요양원에 계시는 어머니를 모시고 나들이를 가기로 했다. 치매 3기에 퇴행성 관절염을 앓아 다리가 불편한 어머니를 안아서 승용차에 모시고 휠체어도 함께 실었다. 오랜 요양원생활에 답답할 것 같아 나들이를 결심했다. 안동댐의 맑은 공기며 시원한 물을 보여 드리고 싶어 안동댐으로 가기로 했다. 어머니를 승용차에 모시고 안동댐으로 가는 도중에 어머니께서 어디 가느냐고 물으셨다. 안동댐에 놀러 갔다가 오자고 대답했다. 그런데 어머니께서 하시는 말씀에 많이 놀랐다.

"날 갖다 버리면 안 된데이, 어마이 그눌기(부양하기) 힘들다고 갖다 버리면 벌받는데이."

정신이 맑은 날보다 흐린 날이 더 많은 치매 3기라는 중증을 앓고 계신다. 그런 어머니께서 하시는 조금은 생뚱맞은 말씀에 갑자기 가슴이 아려 왔다.

'어머니 제가 어머니를 얼마나 사랑하는데, 그런 말도 안 되는 말씀을 하세요?'

이 말이 목구멍까지 올라왔지만 침과 함께 삼켰다.

치매 3기에 영육이 불편한 당신의 처지와 늦도록 장가가지 못하고 있는 아들의 형편을 걱정하고 계신 것은 아닌지?

치매라 정상적인 대화가 힘들기에 아니라는 말만 하면서 안동댐으로 갔다. 어머니는 몇 번이나 버리면 안 된다는 말을 하셨다. 그럴 때마다 안 버리니까 걱정하지 말라는 말로 달랠 수밖에 없었다.

안동댐 월영교 주차장에 차를 세우고 휠체어에 어머니를 모셨다. 휠체어에 타고 계시는 아흔의 어머니는 알 수 없는 말씀을 혼자 계속하셨다. 장가도 못 간 쉰 살의 아들은 말도 안 되는 어머니의 말씀에 대답하며 월영교 위를 걸었다. 휠체어에 타고 있는 백발의 어머니와 뒤에서 휠체어를 밀고 있는 노총각 아들을 밝은 햇살과 이웃들이 어색한 눈으로 바라보고 있었다.

해가 바뀌어 병세가 심해진 어머니를 요양병원으로 모셨다. 2014년 8월 19일 새벽에 어머니는 하늘의 별이 되었다. 이 땅의 서럽고 아픈 짐들을 훌훌 벗었다. 외동딸로 사랑받으며 성장했지만, 중매쟁이에게 속아서 전처 자식이 있는 집에 시집을 갔다. 그때부터 어머니는 평생을 가시덤불 속에서 헤매는 인생이 되고 말았다.

전쟁이 일어나면서 남편을 잃고 말았다. 그래도 살아 보려고 했으나 전처 자식과의 갈등이 심했다고 한다. 그 갈등 때문에 어린 내게 가혹하리만치 기를 죽이며 사셨다. 거기에다가 더하여 시부모의 냉대를 견디지 못하고 시집에서 나왔다.

일이 많던 부잣집에서 땅 한 평 없는 아버지를 만나 살아 보려고 또 일만 하셨다. 살아 보려고 몸부림치며 한평생을 사셨다. 찬 바람이 부는 한겨울에도 밭에 나가 잡초를 제거할 만큼 지독하게 사셨다. 그렇게 밭에서 쪼그리고 앉아서 한 고생이 무릎 관절염을 가져왔다.

거기에다가 평생 병약한 아버지의 약을 사 나르기에 바빴다. 젊은 시절 너무 굶어서 위장이 좋지 않던 아버지에게 '파란 병의 하얀 약 암포젤 엠'은 주식이나 다름없었다. 조금 숨을 쉬고 살아 보려고 했는데 아버지께서 좌골 신경통으로 누워서 생활하게 되었다. 약 이십 년이 넘는 세월 동안 아버지의 간병을 감당하셨다. 아버지의 간병이 끝나자 어머니는 치매에 걸리셨다. 쥐구멍에도 볕들 날이 있다는 속담은 어머니에게는 틀린 말인 것 같다.

하늘도 울었고 땅도 울었다. 장례를 지내는 중에 비가 많이 쏟아졌다. 비가 너무 와서 오고 가는 조문객들이 애를 먹었다. 그해 가장 많은 일일 강우량을 기록했다고 들었다.

이상한 것은 어머니께서 돌아가시기 며칠 전에 꿈을 꾸었다. 꿈속에서 돌아가신 어머니를 부여잡고 끝없이 울다가 깨었다. 꿈에서는 한없이 울어도 깨어나니 마음이 한결 가벼워졌다. 사람들은 정을 떼는 것이라고 말했다. 그래서 그런가, 아버지 때보다 더 심한 우울증에 시달릴 위험이 있었는데 덤덤하게 장례를 치렀다. 마지막에 편안한 여생을 보내다가 갈 수 있도록 해 드렸기 때문에 여한은 없다. 다만 아쉬운 것은 내가 결혼하는 것을 못 보고 돌아가셨다.

아버지께 사랑한다는 말 한 마디 못한 한스러움이 있어 어머니께는 수시로 "사랑한다"는 말을 했고 원 없이 했다.

"날 갖다 버리면 안 된데이, 어마이 그눌기(부양하기) 힘들다고 갖다 버리면 벌받는데이."

"어머니 제가 어머니를 얼마나 사랑하는데, 그런 말도 안 되는 말씀을 하세요?"

이제는 어머니 계시는 하늘을 향해 대답해 본다.

05

국화꽃은
가을에 핀다

1. 문예 창작반에 다니다

좌천으로 근무 패턴이 변경되었다. 주간 근무만 하던 사무실에서 생활실로 올라오니 야간 근무를 하게 되었다. 낮에 시간이 많이 생기게 되었다. 갑자기 많이 생긴 여가를 활용하여 배우고 싶었던 글쓰기를 배우고 싶었다.

거기에다가 초등학교 밴드에 '아버지'라는 습작 시를 올렸더니 한 친구가 시를 써 보라고 권했다. 그는 나에게 공부하라고 말했던 김인현이다. 친구의 그 말은 배우고 싶다는 내 소극적인 생각을 적극적인 행동으로 옮기게 만드는 계기가 되었다. 결과적으로 공부도, 글쓰기도 그 친구의 소중한 말 덕분이다. 긍정적인 말 한마디가 한 사람의 인생을 구원했다.

대도시에서는 유행처럼 글쓰기를 많이 가르치기도 하고 배우기도 하고 있었다. 소도시 안동에도 있을지 반신반의하면서 인터넷 검색을 했다. 다행히도 안동문화원에서 글쓰기를 가르치고 있었다. 2014년 3월, 기쁜 마음으로 문예 창작반에 등록했다.

매주 월요일 오전에 안동문화원 부속 건물 2층에서 강의가 이루어졌다. 비번인 날과 야근하는 날은 강의를 쉽게 들을 수 있었다. 주간 근무가 들어 있는 날은 휴가를 내어서 강의를 들었다. 따라서 내 휴가는 같은 요일에 몰려 있는 경우가 많았다.

이육사문학관장으로 계시던 시조 시인 조영일 선생님께서 문예 창작반을 지도해 주셨다. 봄 학기에는 시 창작 강의를, 가을 학기에는 수필 창작 강의를 하셨다. 약 2시간의 강의였다. 먼저 1시간은 강의 위주로 수업이 진행되고 나머지 1시간은 수강생들이 써 온 시에 대한 지도였다. 그렇게 문예 창작반에 들어와 체계적이고 조금 더 세련된 글쓰기 공부를 하게 되었다.

그곳에서 글쓰기 공부를 하면서 놀란 것은 수강생 대부분이 몇 년째 같은 공부를 하고 있었다. 한 분은 7년 동안 문예 창작반에서 강의를 듣고 있었다. 끈질긴 노력에 놀랐다. 솔직히 강의는 해마다 특별하게 다르지 않다. 그러나 수업을 들으면서 글쓰기를 놓거나 포기하지 않는다는 것이다. 강의를 듣지 않으면 글쓰기도 하지 않게 되는 경우가 많다. 바쁘다는 핑계로 글쓰기는 삶의 우선순위에서 밀려난다. 강의를 들으면서 글을 쓰고, 지도받으며 발전하는 과정을 거친다.

전에는 가끔 책을 읽었지만 문예 창작반에서 본격적으로 글쓰기 공부를 하면서 시간만 나면 책을 읽었다. 기억력 하나는 자신 있었는데 오십 대에 접어들면서 기억력이 많이 떨어졌다. 책을 읽어도 내용을 기억하기가 쉽지 않다. 내용을 파악하려고 여러 번 읽는 일이 많아졌다.

시집 백 권을 네 번이나 읽어도 멍할 뿐이었다. 시 창작 안내서 열 권을 세 번씩 읽어도 멍했다. 글쓰기 기초 교재를 여러 번 읽었다. 수필 창작 안내서 열 권을 세 번씩 읽었다. 기억에 남는 것이 없는 것 같았다. 그래도 많은 책을 여러 번 읽으면서 내용이 조금씩은 남았는가 보다. 반복해 읽고 또 읽으며 자신감이 조금씩 커갔다.

많이 떨어지는 기억력 때문에 나이 오십이 되기 전에 글쓰기 공부를 했었다면 하는 아쉬움이 있다. 그런데 문예 창작반에 여든이 넘은 어르신이 글쓰기를 배우고 계셔 많은 도전이 되었다. 늦게라도 글쓰기 공부를 하게 되었으니 감사하다며 스스로 위로해 본다. 그렇게 글쓰기 공부를 하면서 좌천으로 바닥에 떨어졌던 자존감을 조금씩 회복해 갔다. 아픔도 조금씩 엷어지고 있었다.

지난날 가난하여 학교 공부는 못 했다. 객지생활을 하면서 일찍부터 신문을 구독하며 다양한 것을 배웠다. 열일곱 살부터 신문을 구독했다. 신문에는 정치, 경제, 문화, 사회 등 다양한 것이 있다.

피곤한 가운데에도 거의 매일 깨알 같은 글을 다 읽었다. 지금까지 신문을 구독하고 있으니 그것만 해도 엄청난 독서량이다. 어릴 때부터 신문을 구독해서 그런가, 내 글이 조금은 건조한 것이 사실이다. 시를 배우고 읽으며 잃어버린 감성을 더 깨워 나갔다.

글을 쓰기 위해서는 많이 읽고, 많이 생각하고, 많이 써야 한다는 말이 정석임을 다시 깨닫는다. 그런 면에서 나는 일찍이 외롭지 않으려고 책을 많이 읽었다. 사색에 잠겨 살았고, 비록 낙서 수준의 글이라도 꾸준히 써 왔다. 인터넷 홈페이지가 유행할 때, 홈페이지 만드는 공부를 하여 내 홈페이지를 만들었다. 그 홈페이지에 남의 글을 올리기 싫었다. 내 글을 써서 올리기 위해 노력했다. 책을 읽었고 낙서 같은 글을 썼다.

사춘기를 지나면서 사랑하는 여자 친구에게 선물할 책을 사러 서점에 갔다. 책을 고를 때 눈에 들어온 것이 유명한 사람들이 쓴 수필이었다. 시집도 아니고, 내 눈에는 수필이 들어왔다. 그때부터 수필에 심취해 수필류만 사서 읽었다. 친구들은 소설을 읽어도 나는 고집스럽게 수필을 사서 읽었다. 그 당시에 유명했던 김형석, 김동길, 안병욱 교수님의 철학 책을 좋아했다.

그렇게 책을 읽으며 어릴 때 막연하게나마 가졌던 글쓰기에 대해 생각했다. 글을 쓰고 싶었으나 어떻게 쓰는지 몰랐다. 서울에서 고생하던 시절에 김홍신의 『인간시장』이 성경책 다음으로 많이 팔릴 만큼 인기를 끌었다. 김홍신 님의 신문 인터뷰 기사를 우연히 읽게 되었다. 그분이 글을 잘 쓰게 된 것은 책을 많이 읽었기 때문이라고 했다. 글쓰기의 첫 번째 비밀을 풀어낸 기분이었다.

수필을 비롯해 잡다한 책을 구해 읽었다. 청계천 헌책방을 기웃거리며 책을 구해 읽기도 했다. 책을 읽으며 객지생활의 외로움을 달랬다. 그래도 외로우면 일기와 편지라는 글의 형식으로 풀어내었다. 완전 악필에 잘 쓰지는 못하지만 조금씩 글쓰기를 했다. 그러는 중에 극적인 인생의 전환점을 맞이하게 된다.

신앙을 가지게 된 것이다. 공부는 하고 싶어도 용기가 없어 현실을 벗어나지 못하고 있었다. 나이만 자꾸 먹어 공부와는 점점 멀어지는 상황에서 신앙의 힘으로 고향에 돌아왔다. 앞으로 달리는 열차를 되돌리는 것만큼 힘들고 어려운 일을 감행한 것이다.

늦은 나이에 고향으로 돌아와 공부하면서 성경을 읽었다. 종교 서적이라는 이유도 있지만, 그 두께에 질려 사람들은 읽기를 포기한다. 한 번도 읽기 힘든 성경을 여섯 번이나 읽었다. 삶이 답답해서 성경을 읽었고 글을 썼다.

성경은 종교 서적이라도 인간들의 적나라한 모습들이 그려져 있다. 행정학을 공부할 때는 행정학 관련 서적을, 사회복지학을 공부할 때는 사회복지학 관련 서적을, 신학 공부를 할 때는 신학 관련 서적을 참 많이도 탐독했다.

짝사랑 때문에 시집을 읽으며 글을 썼다. 수필을 흉내 내거나 시를 흉내 내며 쓴 글도 있었다. 누군가 글쓰기 지도를 조금만 해 주었으면 하는 갈급함이 있었다. 시간도 없었지만 배울 곳이 없었다. 비록 낙서 수준이지만 혼자서 조금씩 써서 모아 둔 글이 제법 되었다.

그러던 중 2001년에 로마, 이집트, 이스라엘 여행을 10박 11일간 했다. 문화 충격에 가까운 다양한 사람이 살아가는 삶의 모습을 보고 경험했다. 가서 보았던 곳의 이름만 기록을 해 왔다. 한국에 돌아와 다녔던 곳을 기억해 내며 10박 11일간의 길고 긴 여행기를 썼다. 여행기를 쓰면서 글쓰기의 고통을 경험해 보았다. 여행기를 쓰면서 내 글쓰기의 기본기를 어느 정도 다지게 되었다.

살아오면서 써 두었던 낙서와 기행문을 더하여 개인 문집도 만들었다. 지금 보면 부끄러운 글이지만, 그런 과정을 통하여 나름대로 글쓰기 연습을 치열하게 해 왔다. 읽고 쓰면서 살아온 과거가 밑천이 되어 문예 창작반에서 공부하는 동료들과 어울릴 수 있었다. 타고난 재능은 없어도 열심히 글쓰기를 배우며 한 걸음 한 걸음 멀리 있는 길을 걸어왔다.

2. 결혼하다

두 번째 좌천 때는 마음이 정말 힘들었다. 첫 번째 좌천 때는 별다른 이상을 꿈꾸지 않았기 때문에 아픔이 없었다. 그러나 두 번째는 나름대로 조금 높은 이상을 그리고 있었다. 내 날개가 밀랍으로 만들어진 줄도 모르고 태양을 향해 날아가다가 떨어졌다. 추락하는 것은 날개가 없다고 하지만 잠시 이카로스의 마음을 품고 살았다. 꿈이 깨어지면서 현실의 나로 돌아왔다.

현실의 나는 여전히 가난하고 외로운 존재였다. 그 가난하고 외로운 마음을 위로해 주고 함께해 줄 사람은 역시 혼자 지내고 있던 지금의 아내밖에 없었다. 그녀를 만나면서 아픈 마음이 조금씩 위로가 되었다. 위로는 정이 되고 사랑이 되었다. 사랑하는 마음은 연상의 이혼녀도 심하게 나는 학력 차이도 문제가 안 되었다. 그러던 어느 날 이 사람과 결혼해야겠다고 마음먹었다.

전 직장에 입사하면서 아내를 알게 되었다. 그녀는 이혼으로 혼자였고, 여자 기숙사에서 생활하고 있었다. 외모상으로 봤을 때 괜찮아 보였다. 직장에 어느 정도 적응해 갈 때 데이트를 신청하여 안동댐으로 드라이브를 하러 갔다. 첫 데이트를 그렇게 시작했고, 서른 살쯤의 외롭던 청춘들은 갑자기 뜨거워졌다.

그러나 직장의 사장님인 목사님의 반대가 있었다. 그분은 그녀의 집안 아저씨였고, 그녀가 여기서 일을 하게 된 것도 목사님께서 불러서 일하고 있었다. 여러 가지 이유가 있었겠지만 어쩔 수 없이 우리는 거리를 두고 지냈다. 그 일 때문에 나는 찍힌 사람이 되어 오랜 세월 동안 힘든 시간을 보내야 했다. 극심한 스트레스로 살이 빠지고 급성 위염에 걸려 입원까지 했다. 하루하루 바늘방석 같은 세월을 보냈다.

너무 힘들어서 다니던 모 교회를 떠나 목사님이 시무하는 교회로 적을 옮겼다. 모 교회를 떠날 때 시무하던 전도사님께서 많이 섭섭해하셨다. 신학교 동기였고 '의지의 한국인'이라며 열심히 응원해 주셨던 전도사님이다. 미안하지만 먹고살기 위해 어쩔 수 없이 선택한 결정이었다.

교회를 옮기고 아동부며 중고등부에서 열심히 봉사했다. 여전도사님과 함께 열심히 아이들을 가르치며 지도했다. 아이들의 부모는 대부분 농아인이 많았다. 일에 찌들어 피곤해도 주일이면 어김없이 아이들을 가르치기 위해 일찍 교회에 갔다.

일도 열심히 하고 교회 봉사도 열심히 하면서 보냈다. 그렇게 몇 년의 시간이 흐른 어느 날 사모님께서 한 자매를 소개해 주었다. 만나고 싶지 않았지만 외롭던 마음에 혹시나 하는 기대도 있었다. 그러나 피곤함 때문에 만사가 귀찮았다. 일에 찌들어 결혼에 대해 생각할 수조차 없는 상황이었다. 하기야 첫눈에 확 끌리는 무엇이 있어야 하는데 그렇지는 않은 듯했다. 나중에 보니 그 자매는 모 유치원 원장을 하고 있었다.

그러는 사이에 직장은 건물을 지어 이사를 했다. 몇 년 후 사업장은 사회복지법인으로 등록이 되었다. 남방을 생산하는 봉제업을 접고 새싹을 생산하는 공장으로 업종을 변경했다. 만년 계장에 머물러 있다가 거의 십 년 만에 과장을 달았다.

그러던 어느 날 목사님과 몇몇 사람이 함께 영화를 보러 갔다. 그때 아내도 같이 가게 되었다. 그날 영화를 보고 나온 후, 오랫동안 거리를 두고 지내던 우리는 다시 만나기 시작했다. 그날의 영화 관람은 의도된 것이 아니었을까 하는 생각이 나중에 들었다.

그러나 일이 이상하게 꼬이기 시작했다. 사모님께서 모 복지법인에서 생산된 새송이를 팔았다. 나는 그 새송이를 사서 동생에게 전해 주었다. 하필이면 동생이 사는 아파트 같은 라인에 직장 동료가 있었다. 그 직장 동료는 입사한 지 얼마 되지 않는 신입 사원이었지만 우리의 만남을 소문으로 듣고 있었다.

그 직장 동료가 한 말 때문에 분위기가 이상하게 흘렀다. 그 신입 사원이 내가 새송이를 사서 동생 집에 전해 주었다는 말을 직장에 와서 했다. 그 말에 지금의 아내는 왜 나에게는 안 사주냐고 화를 냈고, 직장의 동료들도 거드는 상황이 되었다. 그 후 말이 커지고 소문이 커지던 어느 날 그녀는 퇴사했다.

그녀가 퇴사하고 몇 달 후에 목사님께서 나를 불렀다. 결혼에 대한 의사를 물었다. 나는 아직은 계획이 없다고 대답을 했다. 직원들이 옆에 있는데 심하게 화를 내면서 나를 나무랐다. 심지어 창밖으로 다니는 사람들도 모두 들을 수 있을 만큼 큰소리로 내게 모멸감을 안겨 주었다.

지금까지 여러 가지 힘들고 어려운 과정도 잘 참고 견디며 지내 왔다. 그 모멸감 앞에서 인내심의 한계가 왔다. 사표를 내고 나왔다. 나중에 고향 마을에 있는 개척 교회 목사님을 통해 재입사를 전해 왔다. 마음은 이미 떠난 후였다. '그분의 성향이 퇴사한 사람을 다시 부를 분이 아닌데, 내가 필요한 부분이 있었나 보다'라는 생각이 들었다.

나는 집에서 놀면서 주식이라는 합법적인 도박으로 돈을 갉아먹었다. 그녀는 시골의 농사일을 도우며 품을 팔아 생활했다. 그러다 시내에 원룸을 얻어 이사했다. 간병인 교육을 받아 간병을 했고, 나중에 요양보호사 자격증을 취득하여 모 병원에서 일을 시작했다. 나는 그녀보다 1년 늦게 요양원에서 일을 시작했다.

우리는 각자의 일로 바쁘게 보냈다. 그렇게 가깝지도 멀지도 않은 관계를 이어 갔다. 그렇게 무덤덤하게 지내던 사이를 이어준 것은 좌천이었다. 내가 힘들고 외로울 때 찾아갈 그녀가 있었다. 내가 아프고 고통스러울 때 곁에 있어 줄 그녀가 거기에 있었다. 나는 결혼을 결심했고, 그녀의 본가에서도 허락이 되었다.

그래서 어머니의 장례 때 며느리로 이름을 올렸고, 휴가를 얻어 어머니 장례 중에 자리를 지켜 주었다. 안타깝게도 가을에는 장모님께서 소천하셨다. 그때는 맏사위로 자리를 지켰다. 그때는 아직 우리가 정식으로 혼인을 하지 않았음에도 서로의 직장에서 휴가를 내주었다. 슬픈 일에 함께 결단을 내려 주어 감사하다.

해가 바뀌어 2015년 4월 25일 토요일, 우리는 안동중부교회에서 결혼식을 올렸다. 만물이 새롭게 소생하는 봄날에 우리도 새로운 출발을 시작했다. 주례는 우리가 출석하는 안동중부교회 정진섭 담임목사님께서 해 주셨다. 만남과 헤어짐, 헤어짐과 만남을 통해 하나가 되었다. 결국에는 이렇게 맺어질 것을, 우리는 참 멀리도 돌아서 여기까지 왔다.

만물은 때가 있는데 인간의 조바심으로 하나님의 때를 인간의 생각과 마음으로 조종하려는 오만은 아니었을까?

결혼식을 마친 우리는 동해로 신혼여행을 떠났다. 우리의 앞날을 축복해 주는지 날씨는 더없이 맑고 따뜻했다. 영덕까지 고속도로가 생기기 전이라 불편하고 먼 길을 처남들이 기꺼이 동행해 주었다. 장인 어르신을 모신 처남들이 영덕 풍력발전단지까지 와 주었다. 그곳에서 잠시 차를 마시며 시간을 보낸 처남들은 돌아갔고 우리는 위쪽으로 올라갔다.

동해 쪽에 마땅한 호텔을 찾았으나 없었다. 결혼식을 마치고 오후에 출발하는데 호텔을 찾아 무리하게 멀리까지 올라갈 수는 없다. 그래서 삼척 장호항 가까이에 있는 펜션에 예약했다. 도착해 보니 위치도 좋고 상당히 아름다운 펜션이었다.

3. 케렌시아

케렌시아(Querencia)는 스페인어로 '피난처', '안식처', '귀소 본능'을 뜻한다. 투우가 진행되는 동안 소는 위협을 피할 수 있는 경기장의 특정 장소를 케렌시아로 삼는다. 이곳에서 소는 숨을 고르며 죽을힘을 다해 마지막 에너지를 모은다.

투우장의 소에게 케렌시아가 마지막 일전을 앞두고 잠시 숨을 고르는 곳이라면 일상에 지친 현대인에게는 자신만이 아는 휴식 공간이 케렌시아다. 치열한 경쟁으로 일상에 지친 현대인들은 누구에게도 침범받지 않는 나만의 공간에서 휴식을 취하고 싶어 한다. 이웃들의 시선을 잠시 벗어나 각자 마음 편하게 쉴 수 있는 공간이라면 그곳이 어디라도 케렌시아가 된다.

케렌시아와 비슷한 의미로 '코쿤'(cocoon)이라는 말이 있다. 불확실한 사회에서 보호받고 싶은 욕망을 해소하는 공간이라는 의미라고 한다. 위험하고 복잡한 현실에서 도피해 누에고치처럼 안전하고 편안한 자신만의 세계에서 칩거하는 사람을 가리키는 말로 쓰인다.

일본에서 많이 찾을 수 있는 은둔형 외톨이를 코쿤이라 부를 수 있다. 산업 사회가 되면서 사람들은 차가운 현실을 피해 집처럼 따뜻한 나만의 공간을 찾는다.

남자들은 특성상 자신의 공간에 혼자 있는 것을 즐긴다고 한다. 나에게도 자주 찾는 공간 케렌시아가 있다. 아주 아늑하고 편안하여 심신에 새로운 활력을 공급해 주는 곳이다. 다름 아니라 내가 결혼 전에 혼자 살던 고향 시골집이다. 부모님도 모두 돌아가시고 없는 집에서 혼자서 조석을 끓여 먹으며 살았다.

그러다가 지금의 아내를 만나 쉰 살을 넘긴 나이에 결혼이라는 것을 했다. 신혼살림은 아내가 거처하던 원룸에서 시작하여 지금의 아파트 생활을 하고 있다. 아무도 없는 시골집은 처분하지 않고 그대로 두고 별장처럼 쓰고 있다.

아내는 재혼, 나는 초혼으로 결혼이라는 것을 했지만 남남이 만나서 서로 맞추어 살아간다는 것이 이렇게 힘든 일인지 몰랐다. 누구 때문에 갈등이 생기고 심해졌는지 이야기하는 것은 별 도움이 되지 않을 것 같아 줄인다.

다만 내가 생각했던 것은 '결혼 경험이 있는 사람이 남자에 대해 조금은 알지 않을까' 하는 아쉬움이다. 나보다 젊은 사람들에게 가끔 갈등을 이야기하면 자신들도 그런 과정을 지나왔다고 말한다. 나이는 나보다 젊어도 결혼생활의 선배들이다.

부부는 싸워도 각방을 쓰지 말라는 어른들의 이야기가 있지만, 나는 갈등으로 서로가 불편해지면 시골 옛집으로 들어왔다. 구속을 모르고 오랜 세월 동안 자유롭게 혼자 살던 고향 집에서 마음을 달래고 위로했다. 그러면서 신앙생활과 기도를 통해 마음을 비우는 노력을 했다. 정원에 사계절 피어나는 꽃을 심고 가꾸면서 마음의 평화와 사랑을 회복해 갔다.

이제 많은 세월이 흘렀다. 어느 정도 서로를 조금씩 알아가면서 조심하고 배려하려고 노력하고 있다. 그렇게 갈등하고 힘들어하는 과정에 시골의 옛집은 내게 케렌시아가 되어 주었다. 넉넉하지 않은 살림에 좁고 작은 아파트는 나를 더 답답하게 만들었다. 시골에서 자연을 즐기며 살던 내게 상자 같은 콘크리트 건물은 잘 맞지 않았다.

거기에다가 갈등까지 생기면 쉴 공간이 없었다. 그럴 때면 조용히 시골집에 돌아와 지친 마음을 내려놓고 휴식을 취했다. 이곳에서 시간을 보내며 마음이 쉼을 얻었고, 평화와 사랑을 회복할 수 있었고, 자신을 반성할 수 있었다.

그렇게 다시 새 힘을 얻어 극단으로 치달을 수 있던 마음을 달래고 제어했다. 비록 초라한 고향 집이지만 내 마음을 받아 주고 쉬게 해 준 이 시골집이 없었다면 내 삶도 내 마음도 많이 황폐해지고 불행해졌을 것이다. 내게는 참 고맙고 소중한 영혼의 쉼터, 마음을 치료해 준 공간 케렌시아다.

올해는 예년보다 벚꽃이 조금 빨리 개화를 한 듯하다. 활짝 피었다 쉽게 져버리는 벚꽃을 보러 사람들은 서둘러 강변으로 나간다. 따스한 이 봄날에 나는 친구 몇 명을 불렀다. 불렀다기보다는 그들이 찾아왔다는 표현이 맞을 듯하다. 따스한 햇볕, 스쳐 지나가는 작은 바람, 평화롭고 고요한 분위기가 오늘 내 친구가 되었다.

고향의 옛집은 작은 언덕 위에 남향으로 소박하게 앉아 있다. 세상의 모든 시름을 잊은 듯 온화한 모습으로 따스한 햇볕을 품고 있다. 세상 풍파에 시달려 지치고 상처 난 몸과 마음을 이끌고 와도 변함없이 웃으며 안아 준다. 단순히 지친 몸으로 찾아와 쉬기도 하고, 상처 난 마음으로 찾아와 쉬기도 한다. 화가 나거나 괴로울 때 영혼을 맑게 씻는 기도실이 되기도 한다.

교회에서 지친 영혼을 위로받고 치료하기도 하지만, 기도원 같은 고향 집에서 어쩌면 더 많은 위로와 치료를 받는지 모른다. 맑은 하늘과 사계절 피어 있는 작은 정원의 꽃들을 보면서 영혼을 맑게 씻고 또 씻는다.

'평안의 뜨락'이라 이름 지어진 고향 집에서 아쉬움도 섭섭함도 미움도 내려놓고 평안과 사랑을 품는다. 시간이 날 때마다 찾아와 책을 읽고 글을 쓰기도 한다. 작은 정원에 꽃이 흐드러지게 피기 시작하면 꽃을 가꾸며 꽃을 닮고 싶다는 바람을 가져 본다. 그것도 무료해지면 옛 추억을 불러와 아쉬운 사랑을 생각한다.

옛 추억 속의 사랑을 불러온다고는 하지만 살아 보니 사랑은 추억이 아니라 항상 현재 진행형이라는 사실이다. 아직도 사랑 때문에 그립고 아쉬운 마음, 채울 수 없는 가슴을 다독이며 살고 있다. 아마 사랑은 생명과 함께 있다가 생명이 소멸하는 날 따라서 사라질 것이다.

햇살이 밝게 웃는 주일, 예배당에서 지난 한 주간의 세상 때를 씻고 돌아왔다. 아무도 없어 쓸쓸할 것 같지만 늘 푸근하고 반갑게 맞아 주는 고향 집이다. 지금은 아파트생활을 하고 있어도 세간살이는 그대로인 옛 고향 집에 들어와 라면을 끓인다. 올 때마다 늘 익숙하게 먹던 컵

라면과 햇반을 잠시 밀쳐두고 오늘은 봉지 라면을 끓인다.

  늘 컵라면을 즐겨 먹어서 냉장고에는 달걀도 없다. 아무것도 들어가지 않은 라면이지만 오늘 찾아온 따스한 햇볕, 스쳐 지나가는 작은 바람, 평화롭고 고요한 분위기의 친구들이 있어 다른 날보다 더 맛있게 먹는다. 혹시나 사랑하는 사람이 올까 기다려 보는 아름다운 일요일 오후의 평화가 깃든 시골집이다.

4. 작가가 되다

  안동문화원 문예 창작반에 다닌 지 3년이 되었다. 그러나 아직도 시에 대한 확실한 개념이나 이론을 깨우치지 못하고 있었다. 시를 써 오라는 선생님의 압력에 쓰기는 썼지만, 시가 맞는지 나 자신도 자신이 없었다. 눈에 보이는 현상을 글로 쓰고는 시라고 한 날도 많았다.

  시간이 지나면서 시는 비유로 이루어졌다는 막연한 생각을 하게 되었다. 그래서 나름대로 비유로 이루어진 시를 써 갔다. 선생님께서 보시고는 무슨 말인지 모르겠다고 하셨다. 부끄러워서 그때 쓴 글의 원본을 없애 버렸다. 그 글은 비유만 써 놓고 내가 드러내고자 하는 의미를 잘 드러내지 못한 것 같다.

  많은 시간이 흘러 내가 썼던 시가 깊은 시였다는 생각이 들었다. 그렇게 습작을 계속했어야 했는데, 이제는 돌아갈 수도 없는 조금은 가벼운 시풍으로 흐르고 말았다.

우리에게 시 쓰기를 지도해 주신 선생님은 시조 시인이라서 간결한 것을 좋아하셨다. 우리도 그분의 영향에서 벗어나지 못하고 간결한 시를 쓰는 편이다. 요즈음의 자유시와는 흐름이 다를 수 있다는 생각이 든다.

그래서 실망하고 글쓰기에 대한 열정도 떨어졌다. 수업 중에 나는 수필을 쓰고 싶었다는 생각을 말했다. 그러자 선생님께서 시를 배우면 수필도 더 아름답게 쓸 수 있다고 말씀하셨다. 그 말씀에 다시 힘을 얻어 열심히 수업에 참여했다. 그런데 수업이 대부분 시 창작 위주로 흘렀다.

수업 계획에는 봄 학기에는 시 창작을 하고 가을 학기에는 수필 창작을 하는 것으로 되어 있었다. 대부분 수강생이 시 창작에 관심을 쏟는 바람에 강의가 곁길로 가는 경우가 많았다. 강의는 수필에 대해서 하지만 합평 시간에는 시에 대한 논평이 많았다. 나도 싫지는 않았다. 어차피 글쓰기를 배우는데 시 쓰기를 배우고 시를 쓰는 것도 괜찮다고 생각했다.

그러던 어느 날 문예 창작반 선배 김경숙 선생님에게서 「경북문단」 신인상에 응모하라는 권유를 받았다. 선배님은 시인으로 안동문인협회와 경북문인협회에서 활동하고 계셨다. 같이 강의를 듣는 몇 명에게는 시로, 나에게는 시보다는 수필이 낫겠다고 말하며 수필로 응모하라고 했다. 시는 아직 자신이 없어도 수필은 혼자서 오랫동안 써 왔기 때문에 어느 정도 할 수 있었다.

수필 몇 편을 써서 응모했다. 조금은 초조한 시간이 흘렀다. 한두 사람은 떨어질 수 있다는 이야기도 들렸다. 몇 개월의 시간이 그렇게 길게 느껴진 적은 없는 듯하다. 드디어 신인상에 당선되었다는 연락을 받았다. 더없이 기뻤고 행복했다. 지난날의 고난이 눈처럼 녹는 듯했다. 당선 소감문 마지막에 "푸른 잔디가 있는 수필의 호숫가로 나를 데려오기 위해 길목마다 많은 고난을 두었던가 보다"라고 썼다.

선정된 작품의 제목은 〈용돈〉이었다. 1장에서 썼던 글 〈어머니의 가정 교육〉은 신인상을 받은 용돈을 수정한 내용이다. 심사평에 다음처럼 과찬을 해 주셨다.

> 자신을 극복하며 성장하는 의지력과 마침내 한 사람의 완성된 인격체로 바로 서게 되는 과정을 그려 내고 있다. 글을 끌고 가는 구성과 논리가 예사롭지 않다.

그해 「경북문단」 신인상에는 시 부문에 세 명, 수필 부문에 두 명이 당선되었다. 안동에서 시 부문에 두 명, 수필 부문에 두 명이 신인상을 받았다. 등단 동기들이 많아서 좋았다. 그때 함께 신인상을 받았던 젊은 동기들이 지금 안동문인협회에서 궂은일을 감당하며 열심히 활동하고 있다.

2016년 12월 3일 칠곡 리베라웨딩뷔페예식장에서 「경북문단」 제33호 출판 기념회 겸 신인상 수상식이 열렸다. 비록 수필이지만 나도 공식적으로 인정받는 문인이 되었다. 인도해 주신 시인 김경숙 선생님께 깊은 감사를 드린다.

그러나 우리를 지도해 주시던 조영일 선생님과 우리를 이끌어 주신 선배님 사이에 갈등이 생겼다. 선생님께서 아끼던 제자들을 선배님이

다른 문예지에 등단시켜 아쉬움이 크셨던 것 같다. 선생님께서는 「영남문학」에 자문위원 겸 신인상 심사 위원으로 관여를 하고 계셨다.

　다음 해 2017년 2월 23일 안동문인협회 총회 때 회원으로 가입했다. 지금은 고인이 되신 수필분과의 이대걸 선생님의 추천을 받아 '수필분과'로 입회가 허락되었다. 그래서 나중에 시인으로 등단했어도 「안동문학」에는 수필만 실을 수 있게 되었다. 쉽지 않은 입회였지만 지금은 문인협회에서 우리 동기들이 열심히 잘하고 있다. 아쉽게도 우리를 이끌어 주신 선배님은 다음 해 안동문인협회를 떠났다.

　글을 쓰는 선배님들이 하는 말 중에 등단한 후에 부담이 되어 글을 더 못 쓰게 되더라는 말을 가끔 들었다. 그래서 나는 신인상을 받은 후에 더 열심히 글 쓰는 훈련을 했다.

　가끔 인터넷에 습작 시를 올렸더니 시 등단을 권유하는 사람들도 있었다. 그러나 나는 아직 습작을 더 해야 한다고 생각하고 열심히 글쓰기 훈련을 했다. 내 시의 롤모델로 이해인 수녀 시인을 선택했다. 쉽게 읽히고 신앙적인 내용을 닮고 싶었기 때문이다. 어려워 잘 읽히지도 않는 시로 자기만족을 추구하기보다는 읽기에 무난한 시를 쓰기로 마음먹었다.

　그런데 문단의 선생님들은 이해인 시인의 시를 별로 좋아하지 않았다. 그래도 나는 두꺼운 시 전집 두 권을 사서 읽었다. 초기 작품부터 최근까지 이해인 시인의 거의 모든 시가 수록되어 있었다. 그 외에도 작은 시집을 사서 읽고 필사를 여러 번 했다. 시 창작 교본도 몇 번이나 되풀이하여 읽었다.

어느 날부터 같이 시 공부를 하던 문우들이 놀라기 시작했다. 예전에 지도 선생님에게서 무슨 말인지 모르겠다는 말을 들은 내 시가 변하고 있었다. 문예 창작반에는 더 이상 나가지 않았지만 혼자서 지독한 습작을 했다. 문예 창작반에 나가지 않고 혼자 열심히 습작한 것을 사람들은 잘 모른다. 내가 얼마나 노력했다는 것을. 어느 정도 기본을 갖추고 신인상에 응모했다.

〈고속도로〉 외 2편으로 시 부문 신인 문학상에 당선되었다. 2019년 「한국문학정신」 봄호에 시가 실렸다. 그렇게 시인이 되었다. 여러 가지 사정으로 시상식은 열리지 못했다. 심사평을 보면 "길다면 길고 짧다면 짧은 인생의 행로를 현대적 감각의 의미로 소화했다. 작자는 기쁘지도 슬프지도 않은 인간 행로로 삶을 잘 직시해 놓았다"라고 쓰고 있다. 내 당선 소감의 전문을 실어 본다.

봄에는 꽃 소식만 있는 줄 알았는데, 꽃 소식보다 더 기쁜 당선 소식이 환하게 봄바람을 타고 내 마음에까지 전해졌습니다. 아직 꽃샘추위가 남아 있기는 하지만 그 작은 바람이야 가슴 가득 차오르는 기쁜 열기로 능히 이겨낼 수 있을 것 같습니다. 이제 막 타오르기 시작하는 이 좋은 기운을 바탕으로 사람의 희로애락과 세상의 아름다움을 노래하고 전하는 시인이 되고 싶습니다.

이 짧은 지면에서 다 이야기할 수 없을 만큼 많은 개인사의 어려움을 극복하며 여기까지 하루하루 탑을 쌓는 마음으로 살아왔습니다. 봄에 피는 많은 꽃을 보며 때로는 초조하기도 했습니다. 그렇게 봄을 보내고 맞이한 여름에도 자신은 아직도 피어날 기미가 보이지 않아 애를 태우기도

했습니다. 그러나 대기만성이라는 옛말을 가슴 깊이 새기며 서두르지 않고 묵묵히 오늘을 준비해 왔습니다.

봄에 국화꽃을 이야기한다는 것이 조금은 어색하지만, 나는 찬 서리 맞으며 피는 한 송이 국화꽃이었음을 오늘 알게 되었습니다. 고난과 시련이라는 찬 서리를 맞으면서도 기어코 곱게 피는 한 송이 국화꽃 ….

오늘 그 꽃을 활짝 피울 수 있도록 만들어 주신 심사 위원님들께 머리 숙여 깊은 감사를 드립니다. 선정해 주신 은혜에 누가 되지 않도록 최선을 다하겠습니다. 아울러 사람과 세상에 희망과 아름다움을 주는 시를 쓰고 싶습니다. 감사합니다.

끝으로 내가 생각하고 있는 글쓰기 방법에 대해 간략히 정리한다.

첫째, 책을 많이 읽어라.

많이 읽어야 쓸 것이 있다. 글쓰기를 익히는 것은 펌프에 마중물을 넣는 것이다. 이론적으로 글쓰기를 익혀도 내부에 글이 축적되어 있지 않으면 올라올 것이 없다. 책을 읽는 것은 내 머리와 마음에 글을 저장하는 것이다. 문예 창작반에서 글쓰기를 배워 등단했다. 그러나 일찍이 책 읽기가 없었다면 불가능한 이야기다. 어쩌다 이론을 배운다 한들 가볍고 얕은 글이 되고 만다.

둘째, 많이 생각하라.

사물을 다른 관점에서 생각하고 보는 습관을 들여라. 어떤 현상이나 사물을 볼 때 한 단면만 보지 말고 여러 각도에서 보라. 그 현상에 대해 여러 입장과 전후 사정을 깊이 생각해 보는 습관이 필요하다. 아울러 사물을 의인화해 보라.

셋째, 감동적인 경험을 써 보라.

처음에는 그냥 시간의 흐름을 따라 많이 써 보라. 처음부터 좋은 글, 감동적인 내용의 글을 쓰겠다는 것은 욕심일 수 있다. 살면서 경험하게 되는 희로애락을 글로 써라. 그 글에 내 생각을 더 하고 표현을 살리면 한 편의 좋은 글이 나오게 되는 것이다. 작고 소소한 사건이나 일들을 그냥 흘려버리지 말고 글로 써 보는 습관이 필요하다. 그렇게 쓰는 것이 익숙해지면 글을 전후로 바꾸어 보는 구성도 고민하면 된다.

넷째, 문장을 짧게 끊어 써라.

황순원 님의 소나기를 참고하라. 문장을 짧게 쓰면 독자가 이해하기 쉬우며 깔끔해 보인다. 글을 쓰는 데 문장 길이에 대한 제한은 없다. 길어지면 말하고자 하는 논점이 흐려진다. 한 문장 속에 여러 개의 논점이 들어가면 무슨 말을 하는지에 대한 혼란이 발생한다.

다섯째, 나만의 표현을 써라.

가을이면 모두 "황금 물결"이라는 표현을 쓴다. 누구나 쓰는 글이 아니라 나만이 쓰고 쓸 수 있는 글을 써라. 내가 글쓰기를 배울 때 사람들이 "팝콘 터지듯"이라는 표현을 쓰는 것을 봤다. 시집을 많이 읽은 나는 그 표현을 이미 어느 시인이 썼다는 것을 알고 있어 민망했다.

여섯째, 한 문장을 잘 써라.

한 문장이 모여서 단락이 된다. 단락이 모이면 한 편의 글이 된다. 처음부터 한 편의 글을 완성하겠다고 욕심부리지 마라. 짧은 이야기도 한 문장에서 시작한다. 한 줄을 깔끔하게 잘 쓰는 연습을 하면 단락이 몇 개 모여서 한 편의 글이 된다.

일곱째, 진실하게 써라.

남의 글을 내 것처럼 쓰지 마라. 최근에는 스마트폰의 발달로 SNS 활동을 많이 한다. 그곳에 보면 남의 글을 내 것처럼 쓰는 사람을 본다. 글을 많이 안 읽는 사람들은 모르겠지만 대부분 남의 글이라는 것을 알 수 있다. 서툴러도 진실하게 써야 한다. 그리고 비록 장난삼아 심심풀이로 쓰는 SNS 글이라도 가능하면 바르게 쓰는 연습을 하라. 함부로 쓰기 시작하면 그것이 습관이 되어 제대로 된 글쓰기가 어려워진다. 남의 시나 글을 복사해 올 때는 가능하면 원작자의 이름을 표시하라.

고속도로 / 김현묵

크고 넓은 부와

빠르고 잘생긴 명예를 가득 채우고

옆을 돌아볼 여유도 없이

시간을 당기고 바람을 남기며

어디로 숨차게 달려가는가

누가 쫓는 것도 아닌데

이리저리 날렵하고 약삭빠른

처세술을 드러내며

정신없이 앞으로 가야 하는지

어쩔 수 없이 떠밀리며

천천히 가도 안 되고

멈추어 서 버리면 더욱 안 되는 세상을
너는 나에게 가르쳐 주면서

가기 싫어도
살아남기 위해 달려가야 하는
수많은 영혼의 생존 경쟁
긴 인생행로에서
내 모습 이렇게 작아도 힘을 내자.

5. 영어에 미치다

나는 영어 공부에 불을 받았다. 이것 말고는 달리 표현할 방법이 없다. 2018년 1월 22일, 정현 선수와 세계 랭킹 1위였던 조코비치의 테니스 경기를 TV로 지켜보고 있었다. 호주 멜버른에서 열린 호주 오픈 대회에서 정현 선수는 조코비치를 3대 0으로 물리치고 8강행 티켓을 따냈다.

경기가 끝나고 인터뷰가 이어졌다. 많은 관중 속에서 유창한 영어로 농담까지 하며 인터뷰를 하는 그 순간, 내 가슴이 갑자기 뜨거워졌다. 나도 영어를 하고 싶다는 열망이 온몸을 덮었다.

그랬다. 그날부터 나는 다시 영어 공부에 몰입하기 시작했다. 그때 나는 쉰네 살이 시작되고 있었다. 그때 시작한 영어 공부를 지금까지 쉬거나 포기하지 않고 있다. 지금까지 여러 어려움이 있었지만 잘 견디며 지내 왔다. 아마도 이번에는 내 기력이 소진될 때까지 영어 공부를 할 것 같다.

내가 제대로 영어 공부를 한 것은 고입 검정고시 공부를 할 때였다. 그때 검정고시에서 영어를 한두 개 정도 틀린 것으로 기억한다. 그렇게 노력하며 공부했고, 문법에도 어느 정도 눈을 뜨고 있었다. 그러나 일 때문에 영어를 놓으면서 빠른 속도로 기억에서 지워졌다. 아직도 후회하는 것이 왜 그때 영어 공부를 계속하지 않았나 하는 것이다. 후회는 부질없는 것임을 잘 알면서도 후회하고 있다.

그러면서도 영어 공부를 해야 한다는 생각은 계속 갖고 있었다. 방송통신고등학교에 진학해서는 비싼 영어 교재를 할부로 샀다. 정철영어 테이프 교재로 기억한다. 지금까지 영어 공부 책도 수없이 많이 샀다. 지금 내 책꽂이에 남아 있는 것만 세어도 약 오십 권은 족히 된다. 사놓고 읽지 않은 것이 반은 될 듯하다.

한때는 영어 비디오테이프가 유행해서 구매했지만 비싸게 구매만 하고 보지도 않고 버려야 했다. 거기에다가 약 20년 전에는 영어 로봇도 백만 원 넘게 주고 샀다. 일대일로 대화를 하도록 만들어진 로봇이지만 정확하게 영어를 구사하지 않으면 로봇은 "Pardon me?"만 외쳤다.

처음 영어를 시작하는 사람이 어떻게 정확한 발음을 할 수 있나?

제대로 짜증이 나서 처박아 두었다가 질녀에게 주어 버렸다.

질녀는 써 보기는 했는지, 아니면 버렸나?

영어 공부를 하고 싶어 교재를 샀다가 쌓아 두기를 반복했다. 그러다가 한 번 열심을 내는 계기가 있었다. 서른일곱 살에 처음으로 해외여행을 다녀오면서다. 외국에 나가보니 영어는 세계 만국 공용어로 쓰이고 있음을 실감했다. 영어만 할 줄 알면 외국도 이웃 동네에 가듯이 쉽게 갈 수 있겠다는 생각이 들었다.

 귀국해서 영어 회화책 한 권을 샀다. 열심히 문장을 외우기 시작했다. 보통 한국인들은 영어 공부는 단어를 외우는 것으로 시작한다. 물론, 단어를 외우는 것도 중요하다. 내가 영어 문장을 외우기 시작한 것은 중국인 리양이 쓴 *Crazy English*(밀알, 2001)라는 책을 읽고부터다. 그 책 속에서 리양은 영어는 문장을 큰소리로 외우라고 말하고 있다. 나는 리양의 영향을 많이 받은 듯하다.

 가능하면 입으로 중얼거리며 다녔다. 그러나 지친 일상에서 집중하기가 힘들어서 그런지 잘 안 늘었다. 그렇게 연습하던 회화도 곧 흐지부지되고 말았다. 그러다가 2005년 봄에 퇴사를 했다.

 퇴사 후에 가톨릭상지대학교 교육원에서 진행하는 원어민 영어 강의를 들으러 갔다. 그곳에서 알버트(Albert)라는 원어민 강사를 알게 되어 오랜 세월 동안 사귀게 되었다. 그는 캐나다에서 온 강사였다. 그 친구는 일본과 중국에서도 강의했다고 한다. 그러나 한국인들의 정서가 좋아 한국에 오래 머물고 있다고 했다.

 첫 강의에 수업을 듣는 수강생이 약 20명이 되었다. 약 한 달이 지나자 반으로 줄었다. 강의를 종강할 때는 약 다섯 명의 수강생이 남았다. 영어로 진행되는 강의를 이해하지 못하고 포기한 것이다. 원어민 강사에게 영어를 배우면 더 낫다고 생각할 수 있다. 원어민은 강의를 영어로 진행한다. 처음 배우는 사람들은 듣는 것부터 힘이 든다. 한국말을 할 줄 아는 원어민이어야 한다.

나와 나이가 비슷하고 둘 다 싱글이라서 쉽게 어울렸다. 그 친구가 진행하는 강의를 들어봐도 신통치 않아서 더 이상 강의를 듣지 않았다. 그러나 친구로 가끔 어울렸다. 제과점이나 카페에서 어울리며 짧은 영어로 대화를 했다. 단어를 억지로 연결하는 회화지만 그는 눈치 빠르게 말을 알아먹었다. 그렇게 지내다가 그 친구는 가톨릭상지대학교와의 계약이 만료되어 안동을 떠났고 우리는 멀어졌다.

몇 년이 흘러서 그 친구에게서 이메일이 왔다. 전에 이메일을 알려 준 적이 있었다. 전화번호도 서로 갖고 있었지만 둘 다 번호가 변경되어 통화가 안 되었다. 이메일을 열어 보니 국립안동대학교 어학원에 강사로 왔다고 했다. 만나서 그동안의 이야기를 들었다. 충청북도의 한 고등학교에 조금 있었고, 캐나다로 돌아갔다가 다시 한국으로 들어왔다고 했다.

그렇게 우리는 다시 만남을 이어 갔다. 전과 달라진 모습이 있었다. 전에는 내가 계속 밥을 사주는 식이었다. 다시 만났을 때는 그 친구가 꼭 돌아가면서 밥을 사자고 했다. 보기보다 한국 음식을 좋아하고 잘 먹었다. 안동 찜닭과 간고등어, 심지어 다른 지역 사람들도 먹기를 꺼리는 안동식혜까지 좋아했다.

그렇게 어울리면서도 영어 공부를 하고 싶다는 갈급함이 없었다. 그래서 단어 수준의 영어로 대화만 이어 갔다. 함께 어울리며 좋은 추억을 만들어 갔다. 하지만 국립안동대학교와의 계약이 만료되어 그 친구는 2016년에 캐나다로 돌아갔다.

그 친구가 떠나고 나는 2018년부터 영어에 미치기 시작했다. 그 친구가 한국에 있을 때 영어 공부를 열심히 못한 것을 늦게 후회했다. 나에게는 영어책만 있는 것이 아니다. 못쓰게 된 테이프는 대부분 버리고도 엠피쓰리(MP3)에 동영상 파일까지 많이 수집하고 있었다. 괜찮은 회화 동영상이 있어서 그것으로 다시 영어 회화 공부를 시작했다.

그 자료가 좋았던 것이 동영상에 엠피쓰리와 문서 파일까지 있었다. 약 60개의 상황으로 이루어진 회화 동영상이다. 텍스트를 프린트해서 외우면서 동영상을 봤다. 1개의 동영상에 약 10개의 대화 예문이 있다고 계산하면 최소한 600개의 회화 문장이다. 그 600개의 문장을 26번 되풀이해서 외웠다. 초보자가 너무 긴 문장으로 시작했다는 생각이 들었다.

그래서 100개의 상황으로 이루어진 짧은 문장의 교재를 다시 구했다. 평균 10개의 회화라고 해도 1,000개의 문장이다. 133회를 되풀이해서 문장을 외웠다. 정말 열정적으로 외우고 또 외웠다.

이것도 싫증이 날 즈음에 광고를 많이 하는 Y 업체의 강사가 지은 교재를 다시 샀다. 그 교재를 200번 되풀이하여 보면서 문장을 외었다. 책 표지가 질긴 고급지로 되어 있다. 200회를 보는 동안 표지가 떨어졌다. 투명테이프로 표지를 붙이면서 문장을 외웠다. 책을 바꾸지 말고 기억에 남을 때까지 외워야 했다. 교재 세 권을 바꾸는 시행착오를 거듭했다. 이때까지 영어 공부를 시작했다가 중단하기를 수없이 반복하면서 살았다. 그런데 이번에는 달랐다.

육체적인 노동이라 일하는 중에도 외웠다. 인성이 부족한 동료가 태클을 걸었다. 사내 고충 처리함에 글을 써냈다. 혼자서 중얼거리는 모습이 보기 싫다는 것이다. 그것이 사내 고충인지 너무 어이가 없었다. 그 일로 나는 불려가 시말서를 썼다.

코로나19가 터지기 전에 중얼거리면서 목욕탕에 갔다. 카운터에 계시는 분이 무슨 기도하느냐고 물었다. 바로 문장을 소리 내어 외웠다. 코로나19가 터지면서 마스크를 쓰는 시간이 길어졌다. 마스크를 쓰고 중얼거리니 남의 눈치 덜 보고 너무 좋았다. 곧 끝날 것 같던 코로나19는 약 3년간 지속되었다. 그 기간에 마스크를 쓰면서 마음 놓고 문장을 외웠다. 남들은 힘든 시기를 보냈다. 나는 영어 문장을 외우는 더없이 좋은 시간을 보냈다.

입으로 중얼거리기만 한 것이 아니다. 입으로 중얼거리는 것만큼 엠피쓰리를 들었다. 밖으로 나갈 때는 꼭 이어폰을 챙겨서 나갔다. 승용차에는 시동이 걸리면 항상 엠피쓰리가 틀어진다. 운전하면 거의 못 듣고 지나간다. 거기에다가 모르는 문장이라면 전혀 들을 수 없다. 아는 문장만 내 귀에 들린다. 아직도 차에서 엠피쓰리를 틀지만, 차에서 듣는 것은 별 도움이 안 된다. 운전에 신경 쓰느라 거의 들을 수 없다.

몇 년간은 밤에 잘 때도 엠피쓰리를 틀고 잤다. 작년부터 잘 때는 틀지 않는다. 다만 눈이 떠지면 엠피쓰리부터 튼다. 그러나 아직도 제일 어려운 것이 듣는 것이다. 쓰는 것이 제일 쉽다. 다음은 말하기가 어렵다. 제일 어려운 것이 듣기라서 고민하고 있다.

어떻게 하면 듣기 능력이 향상될 수 있을까?

입으로 중얼거리고, 귀로 듣는 것으로 그치는 것이 아니다. 손으로 부지런히 쓴다. 문장을 외우는 중에 모르는 단어는 부지런히 쓰면서 외운다. 쓰고 또 쓰는 훈련을 해야 한다. 개인적으로 소셜미디어에서 보는 외국 친구들과 가끔 채팅도 했다. 그러면서 스펠링을 어느 정도 정확하게 쓰는 훈련을 하기도 했다. 그러나 권하고 싶지 않은 방법이다.

돈을 요구하는 사기꾼들이 너무 많다.

　열심히 책을 들고 외우다가 2년 전부터 인터넷 강의를 듣고 있다. 강의료도 저렴하고 힘있게 가르치는 남성 강사도 내 취향에 맞다. 거기에다가 강사가 지은 교재와 원어민이 녹음한 엠피쓰리도 있어 좋다. 또한, 수강을 연장하면 더 저렴하게 재수강을 할 수 있다. 미리 책을 통하여 영어 문장을 외웠던 것이 강의를 이해하는 데 많은 도움이 되었다.

　이 강사의 강의를 선택하게 된 것은 책을 보면서 생긴 의문 때문이다. Are you와 Do you를 어떻게 구분하는지 의문이 생겼다. 그래서 유튜브(YouTube)에서 구분하는 방법을 검색하니 이 강사가 올린 동영상이 있었다. 동영상을 본 후에 강사의 유료 강의를 신청하여 보고 있다.

　강의 방식이 나에게 맞고 쉽게 무한 되풀이해서 볼 수 있으니 좋다. 그리고 강의도 보면서 교재에 있는 문장을 죽어라 외우고 있다. 완전 초보자들은 아주 짧은 문장으로 공부해야 한다. 주어 + 동사 + 목적어(보어)로 이루어진 문장으로 연습하는 것이 좋다. 영어 공부에 대해 수많은 시행착오를 거듭하며 터득한 결론이다. 쉽게 영어를 습득하게 해준다는 광고를 나는 더 이상 믿지 않는다.

　지난 6년간 영어에 미쳐서 살았다. 아직 능숙하지는 않아도 조급해하지도 않는다. 예전에 농아인들과 일할 때 수어를 배우며 일했다. 수어를 어느 정도 이해하는 데 약 10년이라는 시간이 걸렸다. 수어의 개수가 그렇게 많지 않음에도 오랜 세월이 필요했다. 영어를 포기하지 않고 꾸준히 한다면 몇 년 후에는 유창하게 말할 수 있으리라 생각한다. 외국어 공부는 치매 예방에도 좋다고 한다. 내 마지막 공부는 영어를 하면서 죽는 것이 될 듯하다.

20대까지 젊은 친구들은 영어 공부를 쉽게 할 수 있다. 이해도 빠르고 기억력도 좋기 때문이다. 최근에 나이를 먹고 늦게 영어 공부를 시작하는 분들이 늘어나고 있다. 반면에 번역기가 나오는데 무엇 하러 어렵게 공부하냐고 말하는 사람들이 있다.

힘든 과정을 극복하며 하나씩 알아가는 성취감이라는 뿌듯함을 아실까?

나이를 먹을수록 공부는 쉽지 않다. 공부도 때가 있다는 말이 빈말이 아니다. 결혼, 육아, 직장에 시달리면서 마음과 생각이 산만해지고 기억력도 떨어지는 세대다. 필요에 의해서든 자아 성취를 위해서든 늦게 영어 공부를 하고 싶다면 젊은 시절보다 더 많은 시간과 노력을 투자해야 한다. 공부하고 싶은 마음에 찬물을 끼얹는 말인지 모르지만 그만큼 열심히 하라는 말이다.

서두르지 않고 유유히 걷는 자에게 지루한 길이란 없다. 공부에는 왕도가 없다는 말이 있다. 조급하게 생각하지 말고 여유로운 마음으로 노력하고 또 노력하면 마침내 영어의 산에 도달할 수 있다. 난, 불광불급(不狂不及)이다. 내가 했고, 다른 사람들에게 권하는 영어 공부 방법을 적어 본다.

첫째, 짧은 영어 문장을 외워라.

욕심내지 말고 가능하면 주어 + 동사 + 목적어(보어)로 된 짧은 영어 문장을 외워라. 한국 사람은 학교에서 영어를 오랫동안 배웠다. 그래서 잘하지도 못하면서 마음은 이미 미국인이다. 부끄러워하지 말고 다시 바닥에서 시작한다는 각오가 필요하다.

가능하면 짧고 쉬운 문장을 외우라. 내가 주장하는 영어 공부의 핵심이다. 소리를 내서 외워라. 입 훈련이 중요하다. 문장이 완전히 내 것이 되었을 때 입으로 쉽게 나온다. 문장의 구조를 이해하려고 하기 전에 무조건 외우라. 나중에 문장의 구조를 깨닫게 되는 날이 온다.

배운 단어를 문법에 맞게 잘 조립(?)한다고 해서 영어가 되는 것은 아니더라는 것이다. 영어권과 우리는 문화, 사고, 언어에서 많은 차이가 난다. 그래서 그들이 쓰는 영어와 우리식 영어가 다른 경우가 많다. 배운 단어를 문법에 맞게 문장을 만들어도 어색한 표현이 많다. 결론은 단어보다 통째로 문장을 외우면서 영어 공부를 하는 것이다. 그러면 단어만 외우는 것보다 덜 지루하고 재미있다.

둘째, 귀로 부지런히 들어라.

듣는 연습이 중요하다는 것은 모두가 알고 있다. 여유 시간이 주어지면 무조건 듣는 훈련을 하면서 따라 하라. 시간이 없으면 만들어서라도 들어야 한다.

셋째, 모르는 단어는 손으로 쓰라.

영어 공부를 생각하는 사람들은 어느 정도의 기본은 있다고 본다. 그래도 문장을 외울 때 모르는 단어가 한두 개 나올 수 있다. 그 단어는 손으로 쓰면서 외워야 한다. 한 번에 외울 수 없다. 다시 쓰면서 외우면 된다.

넷째, 매일 꾸준히 반복하라.

습관이 중요하다. 그리고 너무 조급하게 생각하지 마라. 몇 달 만에 혹은 1년 안에 영어를 정복하는 것은 힘든 일이다. 영어권에 살면서 공부하면 가능하다.

그러나 시간과 돈의 제약이 많아 우리는 그렇게 할 수 없다. 쉽지 않은 일이기 때문에 더 열심히 노력해야 한다. 마음을 비우고 어린아이처럼 시작하되 꾸준히 반복하라. 낙숫물이 바위를 뚫고, 커다란 쇠를 갈아 바늘을 만든다는 마음으로 반복하라. 쉬운 교재를 선택하여 완전히 내 것이 될 때까지 외우라.

6. 대학원에 진학하다

학점 은행제로 학사학위는 받았지만 어딘지 모르게 아쉬움이 남았다. 대학교 이름이 없었기 때문이다. 욕심은 학사학위가 필요했는데, 막상 학사학위를 받고 보니 학교에 대한 미련이 생겼다. 가슴 가득 아쉬움만 안고 세월이 흘렀다. 다시 공부를 시작하면 돈과 시간이 필요하다. 현실적인 고민을 안 할 수가 없다.

그렇게 아쉬움만 키우며 지내고 있었다. 남들은 졸업한 대학교 이름과 학번을 부르는데, 나는 어느 대학교 출신이라고 말할 수 있는 모교가 없다. 그러다 공부를 더 해야겠다는 결정적인 생각을 하는 계기가 생겼다.

2016년 연말 「경북문단」에 수필가로 등단할 때 약력이 잘못 인쇄되어 나왔다. '교육부 행정학 석사'로 인쇄되어 있었다. 내가 약력을 보낼 때 분명히 '교육부 행정학 학사'로 보냈다. 이렇게 고쳐진 것은 아마도 앞줄에 '신학원'이라는 약력이 있었기 때문에 생긴 일이라 추측만 하고 있다. 어쨌든 '석사'로 인쇄되어 나온 내 약력을 보고 대학원을 다니고 싶다는 생각을 구체적으로 하기 시작했다.

2017년은 은둔하다시피 혼자 더 열심히 글쓰기 연습을 했다. 그해가 지나고 다음 해 2018년이 시작되면서 영어에 빠져 영어 회화 공부로 시간을 보냈다. 가을부터 본격적으로 대학원 진학을 위한 준비를 했다. 마침 직장에 사회복지대학원을 다닌 분이 있었다. 나도 사회복지학 공부를 했기에 그곳에 진학하기로 했다. 설레는 마음으로 필요한 서류를 제출하고 기다렸다.

늦가을에 입학 면접이 있었다. 면접은 두렵고 떨리는 일이었다. 내 차례가 되어 세 명이 함께 면접을 보러 들어갔다. 앞에는 생각보다 젊은 교수님 두 분이 앉아 계셨다. 무엇을 물었고 무엇을 대답했는지 기억이 없다. 다만 옆자리에는 단아한 정장을 입은 여학생이었다. 그 예비 대학원생은 당차게 교수님께 질문하고 대화를 나누었다. 입학 정원이 미달이라 모두 입학 가능하다는 긍정적인 말을 듣고 돌아왔다.

2019년 3월 5일 국립안동대학교 행정경영대학원 사회복지정책학과에서 첫 수업을 들었다. 그날의 일기에 다음처럼 쓰여 있다.

> 땀 흘려 황량한 내 인생을 개간하고, 물길을 내고, 나무를 심었다. 따먹을 과실은 없지만 푸른 잎사귀가 풍성한 내 인생에 아쉬움은 더 이상 없다. 초등학교 졸업에서 끝나는 줄 알았던 내가 대학원에 입학했고, 대학원생으로 오늘 첫 수업을 받았다.

대학원을 다니는 동안 휴가는 출석 수업이 있는 같은 요일에 집중되었다. 출석을 위해 가능하면 다른 휴가를 쓰지 않으려 애를 썼다. 나는 항상 배움에 대한 열정에 목말라 있었다. 남들이 꺼리는 앞자리에 앉아서 열심히 강의를 들었다. 앞자리에 앉으면 교수님의 질문 공세를 피하기가 쉽지 않다. 그러나 하나라도 놓치지 않기 위해 부끄러움을 무릅썼다.

솔직히 대학원에 입학하면 한 학기만 다닐까 하는 생각도 했다. 한 학기만 다녀도 중퇴라는 이력이 한 줄 생긴다. 초등학교를 졸업했던 내가 대학원에 입학한 것만으로도 성공이라 생각했다. 그러나 진학은 내 가슴에 잠자고 있던 배움의 갈급함을 더 자극하는 계기가 되었다. 거기에다가 전공은 내가 관심 있어 하는 사회과학을 다루는 분야다.

오랜만에 시험지를 앞에 두고 시험을 치는 현실에 많이 당황하기도 했다. 그렇게 봄 학기 수업이 끝났다. 종강 날 가을 학기에 다시 보자는 한 학우에게 나는 그런 말을 했다.

"노가다 열심히 해서 돈 벌면 가을 학기에 볼 수 있고 아니면 못 봅니다."

돈이 문제가 아니라, 계속 다닐지 말지에 대한 갈등이 그때도 조금은 남아 있어 에둘러 한 말이다.

대학원을 졸업하면 대학에서 강의할 수 있는 자격이 주어진다고 한다. 대학원 수업은 발표를 많이 한다. 학생들은 교수님이 내주신 과제를 열심히 준비해야 한다. 그 과제를 남들 앞에서 전달한다는 것이 쉽지는 않다. 그렇게 훈련되어 대학에서 강의할 수 있는 인재로 길러진다.

의외로 발표를 꺼리는 학생들이 많다. 나도 남들 앞에 서서 말하는 것을 어려워했다. 그러나 신앙생활을 하면서 남들 앞에 서는 기회가 많아졌다. 남들 앞에서 주어진 과제를 자연스럽게 발표했다.

교수님들이 추천해 주는 책과 과제 발표용 책을 나름대로 많이 읽었다. 내 지적 욕구를 충족시켜 주면서 사회를 보는 안목과 이해가 더 넓어졌다. 읽을 만한 책을 추천해 주신 교수님들이 참 고마웠다.

많은 책 중에 지금도 소중하게 생각하는 책들이 있다. 유시민의 『청춘의 독서』, 유발 하라리(Yuval Harari)의 『사피엔스』(Sapiens), 팀 페리스(Tim Ferriss)의 『타이탄의 도구들』(Tools of Titans)이다. 과제 발표가 끝나고 한 학우가 내게 선물해 준 김태형의 『불안 증폭 사회』도 강한 인상을 주는 책이었다. 수업을 듣고, 책을 읽고, 과제를 발표하면서 가을 학기는 정신없이 지나갔다.

2020년이 시작되자 중국에서 발생한 코로나19가 한국에도 전파되었다. 1급 전염병으로 분류되어 봄 학기부터 대면 수업이 금지되었다. 3월 개강은 했으나 모든 수업이 온라인으로 진행되었다.

마침 구형 노트북을 갖고 있어서 온라인 수업을 받는 데 문제가 없었다. 그것마저 없었다면 참 난감한 상황이 발생할 뻔했다. 모든 것을 앞서 준비시켜 준 손길에 감사를 표했다. 대면 수업이 아니다 보니 조금은 느슨하게 보냈다. 학우들을 못 만나는 아쉬움이 컸고 대부분 과제물은 리포트로 제출되었다.

가을 학기에는 출석 수업이 진행되었다. 그러나 1급 전염병이 끝나지 않은 상황이라 모두 마스크를 쓰고 수업을 받았다. 마스크를 쓰고 수업을 받으니 누가 누구인지 얼굴을 알 수 없는 애매한 상황이 이어졌다. 신입생과 복학생들의 얼굴을 거의 모르고 한 학기가 지나가는 안타까운 가을 학기였다. 거기에다가 혹시나 전염될까 싶어 몇몇 예민한 학생은 대화와 만남을 꺼렸다. 물론, 정부에서도 5인 이상 모임을 금지하고 있었다. 그렇게 종강 파티도 없이 4학기가 끝이 났다.

　우리는 논문을 쓰지 않는 대신에 5학기 수업을 듣는 학기제였다. 내게 논문을 써 보라고 권하는 사람들도 있었지만 몰입해서 준비할 만큼의 여유가 없었다. 먼저는 본업에 충실해야 했다. 거기에다가 영어에도 마음을 빼앗기고 있었다. 출석 수업을 받고, 시험이나 리포트를 준비하는 것도 작은 일이 아니다. 한 학기 등록금은 더 들지만 쉽게 가기로 했다.

　시작할 때는 언제 5학기를 마칠 수 있을까 까마득했다. 처음 입학하여 공부할 때는 따라 주지 않는 기억력에 힘들어하기도 했다. 그러나 순간순간 최선을 다해 살아온 만큼 좋은 결과를 이루어 내는 현재가 되었다. 5학기 차 학생들은 졸업 시험을 쳤다. 그리고 사진관에 가서 기념사진을 찍었다.

　모두 참여하지 못하고 여덟 명만 참여하게 되었다. 아쉽지만 선남선녀들이 어울려 있는 멋진 단체 사진이다. 그 사진을 보면서 국립안동대학교 대학원 사회복지정책학과 학우들의 따뜻한 우정을 생각한다. 마음에 여유가 생긴 우리는 하루 날을 잡아 졸업 여행을 겸해 울진으로 나들이를 다녀왔다.

　시작이 반이라는 말을 이럴 때 쓰는가, 벌써 마지막 학기를 마치게 되었다. 그때까지도 코로나19의 영향을 벗어나지 못해 제대로 된 종강 파티도 없이 헤어지는 상황이 되었다. 5학기를 모두 마치게 되는 동기들 약 열 명이 아쉬움을 달래며 남았다. 같은 날 입학해서 같은 날 졸업을 하게 되는 순수 혈통이다.

같이 입학해서 휴학하거나 중도에 포기하는 학생들도 많았다. 중간에 복학해서 같이 졸업 명단에 있는 친구들은 서로가 어색해서 그런지 잘 어울리지 못했다. 그 지독한 코로나19 상황이라 학교에서 가까운 편의점 야외 벤치에서 순수 혈통 열 명이 차를 마셨다. 본래는 열한 명이었지만 문경 쪽에 있는 학우는 멀다고 모임에서 빠졌다. 구미에서 오는 학우가 두 명이나 있는데, 모든 것은 마음먹기에 달려 있다는 생각이 든다.

우리의 이 소중한 대학원 만남을 계속 이어 가기로 약속했다. 약간의 회비를 정하고 회장과 총무를 선출했다. 우리가 8월에 졸업하니 졸업하는 달을 기점으로 3개월마다 모이기로 약속했다.

정상적인 중고등학교에 다녀본 적이 없는 나는 동창회가 없다. 그나마 있는 것은 초등학교 동창회뿐이다. 안동은 혈연, 지연, 학연을 심하게 따지는 곳이다. 이런 곳에서 나는 거의 아무런 연고도 없이 홀로서기를 하고 있다. 무인도에서 살아가는 느낌이지만 사람들과 어울리는 것을 좋아하지 않으니 괜찮다. 그래도 힘들고 외로울 때는 신앙과 교회가 버팀목이 되어 주었다. 마지막까지 달려와서 만들어진 대학원 모임은 그래서 내게는 참 소중한 모임이고 인연이다.

2021년 8월 20일 국립안동대학교 대학원 졸업식 날이다. 그러나 안타깝게도 코로나19 때문에 졸업식이 없는 졸업이 되었다. 대학교 총장님을 비롯해 여러 교수님이 참석하고 학우들이 함께하는 졸업식을 생각했지만 열리지 못했다. 강의를 들었던 사회복지정책학과 강의실에서 우리끼리 아쉬운 모임을 했다. 생전 처음 입어 보는 대학원 졸업 가운이 너무 멋있었다. 조교의 도움으로 사진을 찍고 또 찍었다.

운동장 잔디밭으로 내려와서 마음껏 사진을 찍었다. 남들이 다하는 학사모를 던지는 벅찬 연출도 했다. 사진을 찍기는 해도 어설픈 휴대폰의 사진일 뿐이다. 물론, 화질이 좋은 휴대폰 카메라지만 조금은 아쉽다는 생각이 들었다.

나는 가운을 입은 상태로 승용차를 몰고 시내 사진관으로 달렸다. 봄 학기 때 학교 주위에 사진관이 있는지 알아봤더니 모두 폐업하고 없었다. 그래서 시내 사진관으로 갔다. 사진관에서 독사진을 찍고 아내와 함께하는 사진도 찍었다. 개인 사진을 찍느라 그날은 동기생들과 헤어지게 되었다.

내 졸업을 축하해 주러 질녀가 왔고, 우리는 동생 가족과 함께 점심을 먹었다. 다른 동기들은 함께 모여서 점심을 먹었다고 한다. 점심을 먹은 후 아내와 영덕으로 나들이를 갔다. 특별히 갈 곳은 없었고 바다를 구경하고 돌아왔다.

돌아오면서 바로 고향 마을 뒷산에 올라갔다. 아버님과 어머님이 누워 계시는 산소 앞에 대학원 졸업장을 펼쳐 드렸다.

"아버지, 어머니, 이 아들 열심히 살았고 오늘 이렇게 대학원을 졸업했습니다."

부모님께 기쁜 소식을 알려 드렸다. 스치는 지난날의 아픔과 기쁨이 교차하면서 눈물이 쏟아졌다. 한참을 그렇게 울었다. 학교를 보내고 싶었으나 지독한 가난 앞에서 어쩔 수 없었던 부모님도 기쁨의 눈물을 흘렸으리라 생각하면서 내려왔다.

그날의 일기에 다음과 같이 쓰여 있다.

저 혼자 잘나서 된 것이 아님을 알기에, 내가 여기까지 올 수 있었던 것은 나와 유무형의 인연을 맺어 온 님들의 은혜이기에 진심으로 감사를 올립니다.

그랬다. 나는 모아 놓은 돈이 없는 사람이다. 한 학기를 벌어서 한 학기를 다니는 가난한 봉급쟁이다. 그런 내게 어느 권사님은 한 학기의 등록금을 내주셨다. 여러 가지 이유로 실명을 밝힐 수 없음이 안타깝다.

거기에다가 장인 어르신께서도 한 학기 등록금에 도움을 주셨다. 장인 어르신께서 돌아가셨을 때, 자녀들이 각자의 몫으로 한 조의금 중에서 일정 부분은 큰처남이 되돌려 주었다.

나는 그 돈을 마지막 학기 등록금으로 유용하게 썼다. 그런 결정을 한 처남도 고마웠다. 물론, 아내도 등록금을 비롯해 많은 부분에 도움을 주었다. 고맙고 사랑한다는 말을 전한다. 그 외에도 내 주위의 모든 사람의 은혜로 생각하고 고맙다는 말을 남긴다.

7. 자기야, 사랑한다

남들은 파릇한 청춘에 만나 알콩달콩 신혼생활을 시작하고 아들딸 낳아 행복하게 사는 꿈을 꾼다. 우리는 서로 오십을 넘긴 나이에 남편과 아내로 만났다. 우리의 만남이 자식을 둘 수 없을 만큼 늦었지만 두 사람이 행복한 가정을 만들며 살리라 다짐했다.

그러나 꿈과 현실은 차이가 나는 것인가 보다. 서로가 긴 세월을 혼자서 살아왔다. 그래서 그런가 각자 생각의 틀이 굳어져서 하나 되기가 쉽지 않았다. 갈등과 아픔을 겪으면서 모난 부분이 깎이고 무디어졌는지, 아니면 서로가 철이 들었는지 이제는 어느 정도 적응되어 가는 듯하다.

자기와 나는 어려운 환경에서 자라나 많이 배우지 못했다. 자기는 당연하게 받아들이며 덤덤하게 살아가는 듯하나 못 난 나는 그렇지 못했다. 배우지 못한 한을 풀려고 막일로 번 적은 월급을 공부하는 데 거의 써 버렸다. 그런 나를 자기는 큰 불평 없이 조용히 지켜봐 주었다. 돈도 많이 못 버는 무능한 남편, 가계에 보탬이 되는 돈도 못 갖다 주는 남편, 그래도 나를 믿고 함께해 주어서 고맙고 사랑한다는 말을 조심스레 전한다.

좁고 오래되어 불편한 남의 아파트에 사글세로 사는 것을 자기는 너무 힘들어했다. 비록 작은 평수라도 내 소유의 아파트를 갖고 싶어 했다. 거기에다가 매달 사라지는 사글세가 아깝다는 생각이 들었다.

우리 형편에 너무 과하지 않은 아파트를 찾기 시작했다. 내 시골집이 있는 고향 마을 남선면 신석리에서 너무 멀리 가는 것도 싫었다. 우리 둘이 출퇴근하기에 적당한 거리, 가격, 환경 등 모든 조건에 맞는 아파트가 보였다.

할 수만 있다면 이사를 가고 싶어 하는 자기에게 참 염치없지만 어렵고 무거운 마음으로 물었다. 혹시 가진 돈이 얼마나 있는지. 사고 싶어 마음에 두고 살피던 아파트값의 약 60퍼센트 정도의 돈을 저축하고 있다는 말에 힘이 났다.

쉬운 담보 대출도 있지만 이제 퇴직이 얼마 남지 않은 우리는 빚을 지지 않기로 했다. 그리고 내가 예금 대출을 받아 돈을 마련하기로 했다. 그래도 혹시 부족한 것은 친지들에게 임시변통하여 자금을 마련하기로 계획을 세웠다.

공인중개사를 하는 친구에게 마음에 두고 있는 아파트에 매물이 나오면 연락해 달라고 부탁을 했다. 설 전에 부탁했는데 봄 이사철이 지나도 연락이 없었다. 3월 말에 공인중개사 친구에게서 전화가 왔다. 우리가 생각하는 아파트에 매물이 없다고 했다. 지금 우리가 사는 집이 7월 말까지 계약이 되어 있으니 천천히 알아보라고 했다.

5월 초순에 매물이 나왔다고 공인중개사에서 연락이 왔다. 일단 조건이 괜찮은 것 같아 일정을 잡아 집을 보기로 했다. 그런데 세입자의 갑질로 5월 말이 되어서야 기회가 왔다. 그것도 아침 8시에 급히 집을 살피고 나왔다. 둘러보니 대체로 깨끗했다. 집주인이 내부 수리를 하고 정작 자신들은 얼마 살지도 못하고 세를 놓았다고 했다.

공인중개사 쪽에서 은근히 재촉했다. 이사 비용을 빼 달라고 했더니 그렇게 해 주겠다고 연락이 왔다. 그 집이 깨끗해 보여 매수하기로 했다.

이사 비용을 포함한 부대 비용은 각자가 갖고 있던 금을 팔아서 충당하기로 했다. 6월 초에 매매 계약을 하고 계약금을 지급했다. 8월 말에 세입자가 나가기 때문에 그 후에 이사하기로 계획을 잡았다.

그런데 갑자기 세입자가 6월 말에 나간다고 연락이 왔다. 24일 공인중개사 사무실에서 법무사 직원 입회하에 매매 서류를 확인하고 잔금을 송금했다. 이전 등기는 아내와 공동 명의로 하기로 했다. 7월 2일이사를 계획하고 이사업체와 계약을 했다. 도배와 장판을 새로 했다. 인터폰과 오래된 보일러를 교체했다. 가스레인지와 후드도 새로 교체했다. 청소업체를 통해 청소를 깨끗하게 하고 이사를 들어갔다. 시골 고향 마을에 있는 집은 처분하지 않고 별장으로 가꾸기로 했다.

그렇게 지금의 아파트를 사서 들어왔다. 남들처럼 크고 좋은 아파트는 아니지만, 환경이 더 나은 살 만한 내 소유의 아파트를 갖게 되었다. 우리 둘만의 보금자리가 생기던 날 참으로 행복해하던 자기의 모습, 자기의 피눈물이 쌓여서 만들어진 집이기에 내 마음은 감사로 젖어 왔다.

자기야, 사랑한다.

한 달에 정식 휴무일이 네 번밖에 없는 살인적인 근무 환경, 주·야간 12시간 교대 근무라는 노동을 하면서 벌어 저축한 피 같은 돈이었다. 이런 노동 환경에 대해 사람들은 잘 이해하지 못할 수도 있으리라. 아직도 한 달에 네 번밖에 못 쉬고 일하는 곳이 있느냐고, 지금까지 자기는 그렇게 일을 했다.

개인 소득 4만 달러를 바라보는 이 나라 이 땅에 아직도 이런 노동 현장이 있다. 그런 곳에서 자기는 먹고살기 위해 몸이 부서지도록 일했다.

먹먹한 이 가슴을 어찌 달래면 좋을까?

잘 사는 사람들이 차고 넘치고 여가를 즐기는 사람들이 차고 넘치는 이 땅에서 우리는 아직도 이방인으로 살고 있다.

거기에다가 처제의 커다란 빚을 8년 동안 매달 수십만 원씩 대신 갚아 나가는 어려움도 묵묵히 감당하면서 모은 돈이다. 때로는 바보처럼 느껴져 화도 나고 답답하지만, 동생을 사랑하는 언니의 큰 마음이라 생각한다.

그렇게 박봉을 아끼고, 자기도 예쁜 옷을 사 입고 싶어 하면서도 억지로 참는 모습을 나는 애써 모른 척했다. 그렇게 옷 하나 제대로 안 사 입고, 쓰고 싶은 곳에 못 쓰고 모은 목숨 같은 돈이다. 몸이 탈 나고 관절에 무리가 와도 마음 편하게 한 번 쉬지도 못하고 동동거리며 새벽 출근을 하며 일했다. 그렇게 힘들게 살면서도 희망을 꿈꾸며 지냈다.

자기야, 정말 미안하다.

몸이 망가질 만큼 노동을 해서 받는 적은 월급이 가끔 자기를 위로해 주기도 했다. 그렇게 어렵고 힘든 가운데서도 자기가 돈을 모으고 희망을 꿈꿀 수 있었던 것은 최저 임금이라는 든든한 버팀목이 있었기 때문에 가능한 일이었다. 무슨 말인지 잘 모르겠지만 노동자에게 일정 금액 이상으로 임금을 주도록 법으로 보호하고 있다는 말이다.

그런데 새 대통령이 이 법을 폐지할 계획이라고 한다. 그럴 리는 없겠지만 임금이 오르는 것보다 오히려 낮아질 수도 있다.

"하도급 업체에 고용되어 일하는 자기는 더 힘들어지겠지."

그리고 최근에 며칠 더 쉬게 되었다고 좋아했는데, 다시 휴일이 줄어들게 될 것 같다. 한 달에 네 번밖에 못 쉬던 당신, '주 52시간 노동 금지'라는 법이 생기면서 휴무일이 며칠 늘었다. 그런데 이것도 폐지하겠다고 한다. 그러면 자기는 다시 한 달에 네 번밖에 못 쉬게 될 수도 있다.

남들은 하루 8시간 일하지만, 자기는 하루 12시간 근무를 하고 있다. 남들은 주말 이틀에 공휴일까지 쉬는데 못 배우고 가진 것 없는 당신과 나는 먼 나라 이야기로 들린다. 우리 다음 생에 다시 온다면 부자는 못 되어도 남들 쉬는 날 같이 쉴 수 있는 세상에 태어납시다.

어렵고 힘든 사람들을 위한 세상은 이제 더 이상 올 수 없을 것 같다. 많은 사람이 부자들을 지지하고, 세상의 모든 논리가 돈을 가진 사람들 위주로 흘러가는 것을 보면 세상에는 부자들이 참 많은 것 같다. 세상이 왜 이러냐고 어느 가수는 웃으며 노래하지만 우리는 돌아서서 한숨을 쉴 수밖에 없다.

우리야 퇴직이 얼마 남지 않았으니 다행이다. 세상이 아무리 험해져도 우리는 자식이 없다. 자식이 살아갈 앞날을 걱정할 일이 없어 이 또한 홀가분하다. 어렵고 힘든 세상을 살아가는 사람들에게 더 좋은 세상이 오기를 기도한다.

8. 다낭 여행을 가다

여행은 언제나 새로운 것에 대한 기대와 설렘을 동반하기에 좋다. 본래는 어렵게 중학 과정을 공부했던 친구들과 해외여행을 한번 가기로 계획을 잡고 있었다.

그러나 코로나19가 터지면서 계속 미루어지다가 2023년에 들어서 여행을 준비했다. 그것도 여러 가지 변수가 생기면서 이상한 조합으로 여행을 하게 되었다. 함께 공부했던 친구 중에 단 세 명만 여행을 갈 수 있게 되었다. 가난하던 그 시절 어렵게 중학 과정을 공부하던 친구들의 형편은 이 나이 먹도록 아직도 풀리지 않았나 보다. 나는 벌써 네 번째 해외여행을 가게 되었으니 축복받은 인생이 틀림없다.

첫 해외여행은 앞에서 언급한 성지순례다. 다음은 지금 다니고 있는 직장에서 포상으로 홍콩, 마카오, 심천을 다녀왔다. 코로나19가 터지기 직전에는 친구들과 중국 시안에 있는 진시황병마용박물관을 보고 왔다.

어렵게 가기로 결정한 친구는 남자 두 명에 여자 한 명이다. 남자 두 명은 괜찮아도 여자 한 명은 외로울 수 있겠다는 생각이 들었다. 그래서 구미에 사는 여자 동창생이 급하게 추가한 일행이 대구에 있는 자기 여동생이다. 그렇게 네 명이 베트남의 다낭으로 여행을 가기로 2월 초순에 여행사와 계약을 했다. 다낭으로 결정한 이유는 바나힐과 골든브릿지가 동화 속의 나라처럼 너무 멋있게 보여서다.

3월이 되고 출국이 가까워지면서 잔금을 치르는 날이 되었다. 잔금을 보내 주어야 할 광주에 사는 친구에게서 아무런 대답이 없었다. 전화로 알아보려는데 마침 전화가 왔다. 자신이 운영하는 사업장에 파업이 발생해 도저히 갈 수 없으니 새로운 친구를 알아보라고 했다. 그러면서 자신이 여행비를 모두 부담하겠다고 했다. 잠시 아찔한 생각이 들었다.

모든 것이 순조롭게 진행되고 잔금만 치르면 출국할 일만 남았는데 지금 와서 어떻게 해야 하나?

출국이 며칠 남지 않았으니 빨리 새로운 친구를 찾는 것이 급선무라는 생각이 들었다. 전화를 끊자마자 퇴직한 동네 친구 최병준이 생각나 전화를 해 같이 가자고 했다. 그러나 대답이 부정적이었다.

어떻게 하나?

전화를 끊고 갈 만한 친구를 생각해 봐도 없다. 모두 직장생활을 하고 있는데 갑자기 일주일씩이나 휴가를 낼 수 있는 친구는 없었다. 설령 있다고 해도 우리와 어울릴 수 있는 인성이 된 사람을 찾기가 쉽지 않다는 생각이 들었다. 그래서 퇴직한 동네 친구에게 문자를 넣었다. 직접 통화했을 때의 부정적인 답이 아닌 생각해 보겠다는 긍정적인 답신이 왔다. 저녁에 같이 가겠다는 긍정적인 대답을 얻었다.

바로 여행사에 연락해서 일행을 교체할 수 있는지 물었더니 여권부터 보내라고 했다. 시간이 늦어지는 바람에 다음 날 여행사에서 교체가 된다는 연락을 받았고 잔금을 입금하라는 문자를 받았다. 출발이 3월 20일이고 잔금은 열흘 전인 3월 10일에 입금했다.

여행 출발 날짜까지 '일각여삼추'(一刻如三秋)였다. 보내 주기로 한 안내 문자는 안 오고 살짝 초조한 나날을 보냈다. 그래도 별다른 이상이 없으니 출국하리라 생각하고 캐리어에 조금씩 준비물을 챙겨 담았다.

출국 나흘 전 구미에 있는 동창에게 전화해서 일행이 바뀌었다고 알렸다. 어쩔 수 없지 않겠냐며 덤덤하게 받아 주어서 고마웠다. 친구도, 동창도, 지인도 아닌 이상한 조합의 여행팀이 만들어졌다. 그러나 우리는 "환상의 조합"이라 부르며 만족하기로 했다.

광주에서 사업을 하는 친구가 해외여행 갈 때 인천국제공항까지 왕복해 보니 길에서 너무 많은 시간을 쓰고 지친다고 했다. 대구에서 출발할 수 있도록 준비해 달라고 내게 부탁했다. 그래서 인터파크 여행사를 통해서 대구국제공항 출발 일정을 잡았다.

인터파크는 인터넷이 활성화되던 시기부터 일찍이 이용했다. 다양한 물건을 구매하기도 하지만 내가 읽는 책은 대부분 인터파크를 통해 구매한다. 오랜 세월을 이용하면서 다른 어떤 인터넷 쇼핑몰보다 친숙하고 편하다. 가끔 접속해 여행 상품을 둘러보기도 했다.

광주에 있는 친구가 대구국제공항에서 출발하는 것을 원해 적극적으로 찾아 계약했다. 정작 본인은 사업장에 문제가 생겨 안타깝게도 잔금을 치르는 날 여행에서 빠져야 했다.

우여곡절 끝에 출발은 확정되었고, 드디어 출발 날짜 3월 20일이 되었다. 소풍 가는 어린아이의 설렘과 그동안 코로나19로 꼼짝하지 못했던 구속에서 벗어난다는 홀가분한 마음을 안고 3시 30분 집에서 나섰다. 친구와 4시에 정하동에 있는 강남농협 주차장에서 만나기로 했다. 같은 안동에 살고 있어도 서로의 집이 거의 동쪽 끝과 서쪽 끝이다.

친구는 나를 배려해서 내가 사는 집 가까이 태우러 온다고 했다. 거기에다가 자기 차로 대구국제공항에 가자고 했다. 배려에 정말 감사하다. 시간이 되어 친구가 왔고 농협슈퍼마켓에 들어가 소주 몇 병을 샀다. 나는 술 마시는 것과 그런 분위기를 싫어한다. 하지만 다른 친구들이 있기에 긍정적으로 생각했다.

강남동 뒤쪽에 있는 신도로에 차를 올리고 대구로 출발했다. 곧 중앙고속도로에 접어들었고 군위휴게소를 지나쳐 동명휴게소에서 이른 저녁을 먹었다. 2019년에 중국에 갈 때 기내에서 물과 빵을 얻어먹었다. 여기도 혹시나 주지 않을까 생각했지만 없었다. 저녁을 먹지 않았으면 큰일 날 뻔했다. 저녁을 먹었어도 너무 이른 저녁을 먹어서 그런지 호텔에 들어가 자는데 배가 고파서 잠이 잘 안 왔다.

대구국제공항 주차장에 차를 주차하고 대구 친구들과 만나기로 약속한 6시에 공항 대기실에 들어섰다. 대구 친구들은 아직 보이지 않았다. 공항 안내 센터에 가서 티웨이항공 사무실을 물으니 수화물 부치는 곳을 알려 주었다. 대기 줄에 가방을 미리 갖다 놓았다. 만나기로 한 대구 친구에게 전화하니 1번 입구에 있다고 했다. 우리가 있는 곳은 3번 입구였다.

3번 입구 건너편에서 각자가 가지고 온 캐리어를 화물로 부치고 2층 출국장 입구로 올라갔다. 출국장 가까이에 있는 커피숍에 들어갔다. 커피를 마시며 이상한 조합이 되어 버린 낯선 서로의 얼굴을 익히며 여유 시간을 보냈다. 차를 마시며 함께 가기로 계획하다가 갑자기 못 가게 된 친구 김욱영에게 전화를 걸었다. 아쉬움을 담은 대화를 나누었고 잘 다녀오라고 했다.

시간이 되어 검색대를 통과해 대구발 다낭행 비행기가 뜨는 1번 게이트 앞에 자리를 잡고 앉았다. 잠시 면세점을 둘러보면서 시간을 보냈다. 오후 8시 5분 탑승 시각이 되어 차례로 비행기에 올랐다. 8시 35분 티웨이항공 TW149기가 조금의 지체도 없이 활주로를 달리기 시작했다. 가속도가 붙더니 비행기는 가슴에 큰바람을 맞으며 하늘로 날아올랐다.

자체 무게도 상당한데 수많은 사람과 짐을 싣고 가볍게 하늘을 날아오르는 너는 무슨 조화일까?

인간의 기술로 신의 영역을 침범하고 인간의 기술로 신의 역할을 대행하는 세상이라는 생각이 든다. 과학이 신의 존재를 의심하게 만드는 최첨단 시대에 신도 종교도 하나의 옛 유물이 되어 가고 있어 안타깝다.

이륙한 비행기는 생각보다 너무 시끄러웠다. 소형기라도 코로나19가 발생하기 전 중국을 여행할 때 탔던 비행기는 이렇게 시끄럽지 않았다. 사람들이 귀마개를 달라고 해서 사용했다. 나는 젊은 시절 공장 소음에 이력이 났는가 그냥 참아내었다.

잠을 청했으나 잠이 쉽게 오지 않았다. 처음 몇 시간은 적응하느라 그런가, 약간의 더위와 좁은 소형기 안에서의 답답함이 짜증으로 올라왔다. 시간이 흐르니 적응도 되고 기내의 공기도 선선하게 느껴지기 시작했다.

약 4시간 40분이 소요되어 한국 시각으로 21일 1시 10분쯤에 다낭국제공항에 도착했다. 우리나라와 시차가 2시간이 나는 베트남 시각으로는 밤 11시 10분쯤이 된다. 출구를 나와 밖에서 인터파크 여행사 현지 가이드를 만났다. 포항에서 다낭으로 여행을 오신 일행과 함께 버스를 타고 호텔로 이동했다.

출발 전에 인터파크에서 안내를 받았을 때는 스물네 명으로 되어 있었다. 그러나 우리 팀과 함께 일곱 명이 버스를 타고 호텔로 이동하는 중간에 한국인 가이드 김지현 씨가 탔다. 여자 이름 같아 고울 것이라는 기대와는 조금 다르게 달 표면을 생각나게 하는 남자 가이드였다.

라이즈마운트(Risemount)호텔에 도착해 방 배정을 받았고, 방에 올라가기 위해 포항에서 오신 여성 세 분과 함께 같은 엘리베이터를 탔다. 친구가 여성들 세 분만 온 포항팀을 향해 농담을 했다.

"어떻게 신랑 되시는 분들은 안 오시고 여성분들만 오셨니꺼?"

예쁘고 선한 이미지의 한 여성의 대답에 모두가 폭소를 터뜨렸다.

"모처럼 (구속에서) 벗어났는데요."

친구와 나는 227호실에 들어왔다. 대구 친구들은 옆방 226호실에 묵었다. 간단히 세수하고 피곤한 몸을 눕히니 거의 1시, 한국 시각으로는 새벽 3시가 되어 가는 시간이었다.

(중략)

다낭국제공항으로 오는 길에 전담 김지현 가이드는 우리와 작별 인사를 하고 중간에 내렸다. 현지인 가이드가 공항까지 우리를 안내해 주었다. 공항에 도착해 티웨이항공 창구에서 짐을 부쳤다. 짐을 부치니 좌석을 어디쯤으로 할 것인지 물었다. 우리가 일렬로 앉을 수 있는 곳을 선택하자 바로 탑승권을 출력해 주었다. 바로 탑승장 안으로 들어가기로 했다.

검색대를 통과하는데 신발을 모두 벗으라고 했다. 바구니에 신발, 휴대폰, 가방, 패딩 점퍼를 담아서 엑스선(X-Ray) 검색기로 보내고 나는 간단히 검색대를 지나왔다. 참고로 클립 가발을 쓰는 분들은 아무런 불편 없이 검색대를 지나갈 수 있다.

가방에 있는 TSA 자물쇠(미국교통안전청에서 인증한 자물쇠) 때문에 엑스선(X-Ray) 검색기를 보던 여직원이 뭐라고 했다. 옆에 있던 남자 직원이 상관없으니 보내 주라고 하는 듯했다. 직원이 내 가방을 잡고 태클을 거는 바람에 휴대폰 챙기는 것을 잊어버리고 안으로 들어갔다.

한참 후에 휴대폰이 없는 것을 깨달았고 순간 식은땀이 흘렀다. 마음을 진정시키고 찬찬히 생각해 보니 검색대를 통과하면서 바구니에 그냥 두고 왔다는 생각이 들었다. 검색대로 달려갔고 태클을 걸던 여직원에게 "Can l find my cellphone?"하고 말했다. 그러자 그 여직원이 안으로 들어오라고 손짓을 했다.

안으로 들어가니 눈에 익은 내 휴대폰이 탁자 위에 보였다. 순간 안심이 되었고, 여직원은 내 휴대폰을 열어 보았다. 마침 내 휴대폰 배경 사진으로 대학원 졸업 사진을 쓰고 있었다. 여직원이 휴대폰에 있는 사진과 내 얼굴을 번갈아 보더니 웃으며 건네주었다. "Thank you"하고 머리를 숙여 인사를 하고 나왔다.

시간을 보내느라 하릴없이 앉아 있었다. 이번에는 내 이름을 부르는 것 같았다. 대구 친구도 자기 이름이 불리는 것 같다고 했다. 화물로 부친 가방에 무슨 문제가 생긴 것은 아닐까 싶어 급하게 티웨이항공 사무실을 찾았다. 지나가는 공항 직원이 있기에 서툰 영어로 "Where is Tway office?"라고 물었다. 그러자 그 직원이 "What happened?"라고 하는 것이었다. 나는 "l think there is a problem with my luggage"라고 대답했다.

못하는 영어는 급한 마음에 더 안된다는 생각이 들었다. 직원은 내 손에 들려진 탑승권을 보더니 탑승 게이트인 7번 게이트로 가라고 했다. 그곳에 가면 티웨이항공 직원이 있다고 일러 주었다. 급하게 아래층에 있는 7번 게이트로 달려가니 직원이 있었다. 그 직원에게 "Did you call me?"라고 물어보니까, "No, What's up?"이라고 대답하는 것이었다. 그래서 다시 "I heard they were calling me"라고 말했다.

그 직원은 영어로 열심히 설명하는데 대충 다음 내용이었다. 인천 가는 승객도 있고, 다른 곳에 가는 승객도 있으므로 동명이인이거나 잘못 들었을 수 있다고 했다. 그래서 다시 물었다.

"Is there no problem with my luggage?"

그 직원은 "No problem"이라고 하는 것이었다. 그 말에 안심하고 7번 탑승 게이트 옆자리에 앉았다. 12시 30분 탑승 시각이 되어 모두 차례로 티웨이항공 TW150기에 올랐다. 베트남 시각으로 24일 새벽 1시에 비행기는 조금의 아쉬움도 미련도 없이 하늘로 날아올랐다.

우리는 좌석에 앉자마자 밀려오는 여독을 이기지 못하고 눈을 감았다. 돌아오는 비행기는 소음이 덜했고, 그동안 쌓인 피로와 새벽이라는 시간이 쉽게 잠에 빠져들도록 만들었다.

비행기는 밤눈이 참 밝은가 보다. 이국땅을 떠나 캄캄한 밤하늘을 날고 날아 먼 대한민국 대구를 정확히 찾아 아침 6시 40분에 가볍게 내려앉았다. 4시간 40분이라는 긴 시간을 날아온 비행기는 지치지도 않는지 여전히 날개를 펴고 있었다. 3월 24일, 3박 5일간의 행복한 여행이 마무리되었다. 공항을 나와 대구 시내를 달리는 창밖으로 벌써 벚꽃이 흐드러지게 피고 있었다.

9. 사랑하는 조카딸에게

사랑하는 하은아!

너는 사회인으로 당당하게 첫출발을 시작했다. 여리고 착한 네가 교육 공무원이라는 일을 하게 되었다. 미래 인재를 키우는 교육 행정이라는 소임을 감당하게 되어 큰아빠는 자랑스럽고 감사한 마음이다. 국가와 교육 행정을 위해 맡겨진 일에 최선을 다하고 성실히 감당하는 조카

딸이 되기를 기도해 본다.

착하고 여린 네가 당당한 사회인으로 출발을 했지만, 아직도 안쓰러운 생각이 드는 것을 부인할 수가 없다. 이제는 성인이 되었고 직장인이 되었다. 한시름 놓아도 되지만 큰아빠의 마음은 바람 부는 날 바다를 향해 떠난 배를 바라보는 것처럼 자꾸만 신경이 쓰이는 것도 사실이다.

큰아빠가 처음 너를 보았을 때 생명의 신비함에 대한 경외감까지 들었다. 너의 엄마가 병원에서 퇴원하여 너를 안고 할아버지와 할머니를 뵈러 처음 집에 왔을 때, 나는 꼼지락거리는 예쁜 한 생명에게서 눈을 뗄 수가 없었다. 보고 또 봐도 예쁘고 사랑스럽던 아이, 장난감처럼 작고 앙증맞은 아이는 내게 첫사랑이 되었다.

너를 사랑하는 내 마음은 어린 너에게도 전달이 되었다. 그 어린 네가 알고 있다는 사실에 또 놀랐다. 걸음마를 시작했을 때부터 다른 사람들에게는 가지 않아도 내가 부르면 비틀거리는 걸음으로 달려와 내게 안기던 예쁜 인형이었다.

어느 사이에 훌쩍 커버렸는지 너는 노란 모자를 쓰고 유치원을 다니기 시작했다. 그 시절에 있었던 에피소드 하나가 생각이 난다. 아직 미혼이던 큰아빠가 맞선을 보러 대구로 출발할 때였다. 너는 나를 따라가겠다며 얼마나 자지러지게 울었는지 모른다.

그날을 생각하면 오랜 세월이 흐른 아직도 가슴이 저린다. 얼마나 크게 울며 매달렸는지 오랫동안 마음이 편하지 않았다. 결국은 빈손으로 돌아올 것을, 괜히 너를 떼어 놓고 갔다는 후회가 들었다.

유치원을 졸업하면서 초등학교에 들어갔고, 너는 공부를 참 잘했다. 우리는 한 과목 100점도 못 받아 봤는데, 너는 4학년 때 전 과목 100점이라는 놀라운 사건을 만들었다. 그렇게 초등학교를 우수한 성적으로 졸업하며 중학교에 진학하게 됐다. 배치 고사에서 일등을 한 너는 중학교 입학생 대표 선서까지 했다.

중학교 졸업 시기에는 고등학교 진학 문제를 놓고 처음으로 진로에 대해 깊은 고민을 하기 시작했다. 여러 가지 문제를 놓고 고민하다가 영주에 있는 학교에 전학년 장학생으로 가게 되었다.

어린 나이에 부모를 떠나 생활하고, 못마땅했던 진학 때문에 많이 방황했다는 것을 알고 있다. 그래도 오래 방황하지 않고 잘 치는 피아노 덕분에 동아리 활동을 하며 적응하여 마음을 놓았다. 정신을 차리고 의대에 진학하고 싶다는 생각도 했다고 들었다.

즐겁게 생활하던 고교생활을 마치며 다시 대학 진학 문제를 놓고 고민하기 시작했다. 너의 꿈과 가난한 집안 형편 사이에서 늘 갈등했음을 옆에서 지켜보았다. 어쩌면 인생의 진로가 결정되는 큰 갈림길이었지만 현명한 결정을 해 주었다. 먼 타지에 가면 학비와 생활비가 걱정이었다. 너는 착한 결정을 해 주어 아쉽지만 다행이었다. 너의 아빠 엄마와 옆에서 지켜보는 큰아빠도 함께 마음을 졸이며 기도했다.

경북대학교 영어교육학과 다음으로 꼽는다는 국립안동대학교 영어교육학과에 수시입학이 결정되었다. 집에서 조금만 받침을 해 줄 수 있었다면, 너의 머리로는 무엇이든 가능했을 텐데 아쉬움이 많이 남는다. 자신만을 위한 꿈에 욕심내지 않고 가난한 부모를 생각할 줄 아는 현명한 아이였고 착한 효녀였다.

학교생활 동안 장학금을 받으며 공부했고, 가끔 과외로 용돈까지 벌어서 생활했으니 이보다 더 큰 효녀는 없다. 남들은 그렇게도 힘든 영어를 전공했고, 지금은 어느 정도 자유롭게 영어를 구사하고 있으니 인생의 큰 밑천이 되리라 생각한다.

너는 대학을 졸업하면서 중등교사 임용고시를 단념했다. 섭섭하기도 했지만 착하고 여린 네 성향에는 버거운 길일 수도 있어서 한편으로는 잘했다는 생각이 든다. 대신 교육 행정에 꿈을 두고 시험공부를 열심히 했다. 옆에서 지켜보는 너의 아빠 엄마와 큰아빠는 가슴을 졸이는 시간을 보냈다.

교육 공무원 합격 소식에 큰아빠는 얼마나 기뻤는지 모른다. 늦은 결혼으로 자식이 없는 큰아빠는 사랑하는 네가 내 딸이나 마찬가지다. 그 기쁨을 자랑하고 싶어 큰아빠는 직장에 축하 떡을 돌리기도 했다. 좋은 소식에 기쁜 나날을 보냈는데 벌써 발령받아 학교에서 근무를 시작했다.

사랑하는 하은아!

지혜로운 너는 앞으로의 삶도 잘 만들어 가리라 믿는다. 그래도 큰아빠는 노파심을 지울 수가 없다. 큰아빠가 살아 보니 일생을 살아감에 있어 '열심히'라는 방법밖에는 다른 쉬운 길이 없었다. 쉬운 다른 방법을 찾는다는 것은 땀 흘리지 않고 로또를 기대하는 것과 같은 좋지 않은 마음이다.

너도 알고 있듯이 큰아빠는 초등학교 졸업장밖에 없었다. 그러나 수많은 고난 속에서도 주경야독하며 일평생 열심히 살았다. 많이 늦은 나이지만 대학원 졸업장까지 받았다. 실제로 고난을 극복하며 살아온 큰아빠의 삶을 보면서 자연스럽게 배우리라 생각한다. 끝으로 어떤 미래를 만나더라도 강하고 담대한 삶을 살아가기를 기도한다.

   사랑한다!

에필로그

비록 음치지만 〈킬리만자로의 표범〉이라는 노래를 즐겨 불렀다. 가사 전체가 참 아름답다. 그중에서도 특히 내 마음을 사로잡은 구절은 이것이다.

내가 지금 이 세상을 사는 것은 21세기가 간절히 나를 원했기 때문이야.

내가 이런 사람이라는 반듯한 모양 하나 갖기 위해 척박한 가슴에 소망을 키우며 살았다. 배우기 위해 끝없이 책을 읽었고 공부를 했다.

대학원을 졸업하는 날, 그토록 오랜 세월을 나를 힘들게 잡고 있던 열등감이 내 곁을 떠나갔다. 나를 한없이 성장시켜 준 후에 미련 없이 그는 나를 떠나갔다. 그가 있었기에 나는 성장하고 싶다는 욕망이 있었고 여기까지 왔다. 내게는 참 고마운 친구였음을 그가 떠난 후에 알게 되었다. 지금, 나는 "It couldn't be better"(이보다 더 좋을 수는 없다)를 외치고 싶다.

너무 조급해 하지 말고 내 페이스를 유지하며 살자. 세상의 보이지 않는 법칙에 너무 얽매이지 말자. 어른이 되면 결혼하고 자녀를 낳고 흘러가는 세월에 너무 조급해 하지 말자. 누가 뭐라고 해도 내 인생은 내가 만들고 내가 이끌어 가면 된다. 남들과 비교하며 사는 삶이 아니라 느려도 꾸준히 내 목표를 추구하는 것이다. 인생은 살아가는 것이 아니라 만들어 가는 것이다.

'어떻게 하면 후회 없는 삶을 살다가 갈까?'

나는 나보다 삶을 먼저 살았던 인생 선배와 지혜자들의 생각과 경험을 배우려고 노력했다. 그들 모두 열심히 산다고 살아도 마지막에 후회가 없는 사람은 없었다. 이런저런 후회가 많이 있었지만, 그중에서 대표적인 것 세 가지를 찾았다. 그것은 내 생각과 비슷했다. 많은 것 중 세 가지를 내 삶의 방향으로 잡았다.

첫째, 열심히 공부하는 것이다.

공부를 못 했기 때문에 제일 앞에 두는 목표가 되었다. 그 목표를 위해 열심히 살아왔다. 퇴직 후에 주어지는 시간에도 더 많은 책을 읽고, 글을 쓰고, 공부하며 살아갈 것이다.

둘째, 뜨겁게 사랑하는 것이다.

이것은 복합적이다. 하나님과 인간, 인간과 인간에 대한 사랑을 뜻한다. 내 예명을 '사랑이있는풍경'으로 쓰는 것도 같은 의미다. 하나님을 사랑하고, 그 사랑으로 이웃을 사랑하는 풍경은 아름다울 수밖에 없다. 사랑을 위해 사랑하지 못한 아쉬움도 있다.

셋째, 즐겁게 여행하는 것이다.

지금까지 일과 공부만 하며 사느라 삶을 충분히 즐기지 못한 아쉬움의 반영이다. 남들은 여가를 즐길 때 지금까지 나는 옆을 돌아볼 여유도 없이 살았다. 나도 여가를 즐길 수 있는 충분한 자격이 있다.

예순의 삶을 열심히 살아왔기에 후회도 아쉬움도 없다. 살아오면서 있었던 그때의 일과 사건은 나를 지금의 나로 만들기 위한 하나님의 역사였다. 그렇기에 좋았던 일도 나빴던 일도 모두 감사하다. 긍정적인 말로 나를 세워준 김인현 변호사에게 특별히 감사를 전한다. 더불어 나와 인연이 있는 모두에게 감사드리며 사랑한다는 말을 바친다.